Kafka | Der Verschollene

Franz Kafka

Der Verschollene

Von Wolfgang Spreckelsen

Reclam

Inhalt

Inhalt

1. Schnelleinstieg

Autor	Franz Kafka (1883–1924)
Entstehungs-zeit/ Erstdruck	1911–1914 1913 Veröffentlichung eines eigenständigen Kapitels *Der Heizer* 1927 gibt Kafkas Freund Max Brod den Roman aus dem Nachlass des Autors heraus; er wählt den Titel *Amerika* aus; nur für die Reihenfolge der ersten sechs Kapitel folgt er Kafkas Aufzeichnungen, die Fragmente ordnet er nach eigenen Vorstellungen 1983 erscheint der Roman erstmals unter dem von Kafka selbst erwähnten Titel *Der Verschollene* und in einer Fassung, die der Handschrift am wahrscheinlichsten entspricht
Gattung	Roman
Epoche	literarische Moderne
Aufbau	8 Kapitel (davon 6 mit Titel) und Fragmente in unterschiedlichen Stadien der Fertigstellung.
Ort und Zeit der Handlung	USA, wahrscheinlich kurz vor dem Ersten Weltkrieg
Erzählper-spektive	Einsinnig erzählt (vgl. dazu Kapitel 4 und den Abschnitt »Das Erzählen« in Kapitel 6)
Handlung	Der junge Karl Roßmann ist von seinen Eltern in Europa verstoßen worden und kommt zu Beginn des Romanfragments in New York an. Zunächst lebt er bei seinem Onkel, der ihn nach kurzer Zeit ebenfalls verstößt. Für einige Zeit kommt er im Hotel Occidental unter, dann in der Wohnung der Sängerin Brunelda. Am Ende einer kontinuierlichen Verschlechterung seiner Lebensumstände stößt er auf das Angebot einer Gesellschaft, sich beim »Theater von Oklahama« anstellen zu lassen. Als Karl Roßmann sich auf den Weg zu dem Theater macht, bricht der Roman ab.

Kafkas Werke gelten als schwierig. Verrätselt seien sie, ohne Anleitung oder gar Übersetzung kaum zu erschließen, fast Literatur für Fachleute, wird gerne vermutet. Die Fülle der verfügbaren Sekundärliteratur legt nahe, dass tatsächlich Klärung in großem Umfang nötig ist, will jemand sich mit einem Werk Kafkas auseinandersetzen. Der vorliegende Lektüreschlüssel will diesem Eindruck widersprechen. *Der Verschollene*, Kafkas erstes Romanprojekt, verhält sich nämlich auf den ersten Blick durchaus nicht übermäßig widerständig: »Als der siebzehnjährige Karl Roßmann, der von seinen armen Eltern nach Amerika geschickt worden war, weil ihn ein Dienstmädchen verführt und ein Kind von ihm bekommen hatte, in dem schon langsam gewordenen Schiff in den Hafen von New York einfuhr, erblickte er die schon längst beobachtete Statue der Freiheitsgöttin wie in einem plötzlich stärker gewordenen Sonnenlicht.« (S. 7) So beginnt sachlich und klar der Roman mit einer wenig komplexen Ausgangssituation. Wer vor allem der erzählten Handlung und dem Erleben des Protagonisten folgen will, sieht sich hier wie im weiteren Verlauf kaum ernsthaften Hindernissen ausgesetzt. Aber, und schon der erste Satz macht dies deutlich, es gibt viel zu entdecken. Der Grund für Karls Reise, die Schwangerschaft des Dienstmädchens, wird nämlich auf eine Weise erwähnt, die den jungen Protagonisten passiv, geradezu unschuldig und zu Unrecht bestraft erscheinen lässt. Die Eltern, die Karls Auswanderung veranlasst haben, werden als die »armen El-

■ Roman-
projekt

■ Ausgangs-
situation

tern« eingeführt, ohne dass klar würde, inwiefern sie bedauernswert sind. Solche Besonderheiten kommen stets sehr diskret daher. Man kann sie zum Anlass einer genaueren Untersuchung nehmen, ist aber nicht dazu gezwungen. Karl etwa, um ein weiteres Beispiel zu nennen, wird im Laufe der Romanhandlung häufiger verurteilt und verstoßen werden, stets von Vaterfiguren. Im ersten Satz des ersten Kapitels wird auf diese Motivkette hingewiesen. Auch hier kann man, ausgehend von einer solchen Besonderheit, in die Tiefe gehen.

■ Besonderheiten

Erzählt wird die Geschichte von Karl Roßmann, der, von seinen Eltern verstoßen, als ahnungsloser Einwanderer in Amerika den Versuch eines Neuanfangs unternimmt. Während er an verschiedenen Orten versucht Fuß zu fassen und sich mit Menschen und Situationen auseinandersetzt, erlebt er gleichzeitig eine unbekannte, neue Welt. Seine Versuche schlagen übrigens, wo und worum er sich auch bemüht, fehl. Mit den Fehlschlägen ist ein kontinuierlicher gesellschaftlicher Abstieg verbunden, wenngleich nicht klar ist, wie der Fragment gebliebene Roman enden sollte. So wurde der Roman früh als Schilderung eines Schicksals und Bild einer fremden und unbarmherzigen Welt verstanden, in der der Mensch der Moderne unterzugehen droht. Weitere Deutungskonzepte folgten. Kafka hat das Romanprojekt vor dessen Vollendung aufgegeben, was schlüssige Gesamtdeutungen schwieriger macht. Über den Ausgang der Handlung und Karl Roßmanns Schicksal

■ Handlung

kann also nur spekuliert werden. Allerdings existieren neben dem Romanfragment auch Aussagen Kafkas zu seinem Projekt, die weiteren Aufschluss geben. So stammt zum Beispiel der Titel *Der Verschollene*, der sich heute durchgesetzt hat, aus einem Brief Kafkas an seine Verlobte Felice Bauer.

Lohnende Lektüre

Insgesamt lohnt es sich aus verschiedenen Gründen, den Verschollenen neugierig und intensiv zu lesen. Zum einen bietet er einen nicht zu schwierigen Einstieg in das Werk Franz Kafkas. Auf der Handlungsebene ist der Roman klar und verständlich. Der einsträngig erzählten Handlung ist recht leicht zu folgen. Andererseits sind Grundthemen des Kafka'schen Schreibens hier gut zu erkennen, zum Beispiel die Auseinandersetzung mit herrschenden und richtenden Vaterfiguren, aber auch die tragische Existenz des Individuums in einer undurchschaubaren Welt. Als erster Einblick in das Universum Kafka ist *Der Verschollene* also gut geeignet. Aber auch mit der Erlebniswelt der Leserinnen und Leser hat der Roman zu tun. Das im *Verschollenen* beschriebene Gefühl, einer in sich nicht stimmigen und letztlich fremdartigen, unverständlichen, ja sogar bedrohlichen Welt ausgesetzt zu sein, kommt heutigen Lebenserfahrungen durchaus nahe. Eine Welt mit immer komplexer werdenden Strukturen und wechselseitigen Abhängigkeiten erschwert uns in steigendem Maße die Orientierung. Der in diesem Zusammenhang geprägte Begriff »kafkaesk« definiert treffend das beschriebene Welterleben. Der über hundert Jahre alte Roman eignet sich somit als ferner Spiegel, in dem sich ein Blick auf uns und unsere heutige Welt werfen lässt. Schließlich ist *Der Verschollene* auf diskrete Weise ein stilistisches Meisterwerk. Die literarische Qualität des Kafka'schen Schreibens ist frühzeitig erkannt worden. Im *Verschollenen* lässt sie sich auf eindrucksvolle Weise erleben.

Der Verschollene ist Kafkas frühestes Romanprojekt, dessen Ergebnisse erhalten sind. Lediglich das erste Kapitel hat der Autor zur Veröffentlichung freigegeben. Davor und danach geschriebene Teile des Gesamtwerkes sind entweder vernichtet, im Manuskript erhalten oder, das ist wahrscheinlich die kleinste Gruppe von Texten, veröffentlicht. Nach Kafkas Tod erschien das Romanfragment im Zusammenhang, unter dem Titel *Amerika* nach damaligen Editionsgewohnheiten herausgegeben von Kafkas Freund und Nachlassverwalter Max Brod. Erst seit 1983 liegt der Roman in einer Fassung vor, die dem Zustand der Handschrift und damit der Vorstellung des Autors zumindest sehr nahekommt. Sie ist auch die Textgrundlage für den vorliegenden Lektüreschlüssel. ■ Entstehung

In der Forschung wurden lange die späteren Romane Kafkas bevorzugt behandelt, unter anderem weil sie früher veröffentlicht wurden. Das hat sich inzwischen geändert: *Der Verschollene* findet in der Literaturwissenschaft mittlerweile viel Beachtung. Bei aller offenkundigen Fragmenthaftigkeit und bei aller Kritik, die der Autor selbst an seinem Werk hatte, übt der Roman heute eine große Faszination auf Fachwelt ■ Forschung

und Leserinnen und Leser aus. Sein Platz in der Weltliteratur ist unbestritten.

Der vorliegende Lektüreschlüssel zum *Verschollenen*
soll und kann nicht den einen endgültigen Schlüssel
zum Werk liefern, der alle Fragen beantwortet. Er ist
vielmehr bemüht, hilfreiche Informationen bereitzu-
stellen, die bei der Lektüre helfen können. Gleichzeitig bietet er verschiedene Zugänge zur Erschließung
des Werkes an, macht also Deutungsangebote. Aufgabe von Leserinnen und Lesern bleibt es, einen Zugang
auszuwählen, zu verfolgen und die Ergebnisse der Suche am Text zu überprüfen. Die Deutung, die daraus
dann entsteht, steht am Ende nicht in Konkurrenz zu
anderen Deutungen, wohl aber unter der Forderung
nach Sorgfalt bei der Prüfung der Verträglichkeit von
Deutung und Text. Der vorliegende Lektüreschlüssel
will also in erster Linie ein hilfreicher Informations-
und Ideengeber sein, der eine vertiefte Lektüre begleitet. Weiterführende Literatur, die an Überblicken
oder einzelnen Aspekten arbeitet, wird im entsprechenden Kapitel vorgeschlagen.

2. Inhaltsangabe

Der Verschollene ist Fragment geblieben, dieses Faktum ist für eine Inhaltsangabe von großer Bedeutung. Gerade die großen Bögen einer Romanhandlung lassen sich nur beim vollendeten Werk sinnvoll nachzeichnen. Allerdings hat Kafka das Projekt zu einem Zeitpunkt aufgegeben, als Struktur und Handlungsverlauf schon weiter entwickelt und festgelegt waren als zum Beispiel beim späteren *Process*. Den größten und in der Reihenfolge der Teile unstrittigen Block bilden sechs nummerierte und betitelte Kapitel, denen zwei weitere ohne Nummer und Titel folgen. Sie bilden zusammen den Hauptteil des Werkes. Außerdem sind drei unterschiedlich lange Kapitelfragmente erhalten, die in der folgenden Übersicht am Ende stehen. Insgesamt ist also der Roman nicht nur unvollendet, es ist auch die Reihenfolge der einzelnen Abschnitte nicht bis ins Letzte gesichert. Außerdem ist das Ende der Romanhandlung offengeblieben und wird je nach Interpretationsansatz unterschiedlich vermutet. Der vorliegende Lektüreschlüssel folgt der Ausgabe in der Universal-Bibliothek, die ihrerseits der Ausgabe nach der Fassung der Handschrift folgt.[1] Neben dieser sind noch außerhalb des Romantextes

■ Roman-
fragment

■ Kapitel-
anordnung

---

[1] Franz Kafka, *Der Verschollene. Roman*, Nachwort von Michael Müller, Stuttgart 2015 (Reclams Universal-Bibliothek Nr. 9688); Franz Kafka, *Der Verschollene. Roman in der Fassung der Handschrift*, hrsg. von Jost Schillemeit, Frankfurt a. M. 1983.

stehende Zeugnisse wie zum Beispiel Tagebucheinträge zu berücksichtigen, in denen Kafka Absichten und Pläne zum *Verschollenen* äußert.

■ Der Schauplatz

Die Handlung des Romanfragments spielt durchgehend in den USA. Sie beginnt mit der Einfahrt in den Hafen von New York und führt den Leser am Ende der erhaltenen Romanteile in die Weiten der amerikanischen Landschaft und in ein ungewisses Schicksal Karl Roßmanns, des Protagonisten. Den Schauplätzen und Ortsangaben eignet eine gewisse Unschärfe in Benennung und Beschreibung.

I Der Heizer

■ Ankunft in Amerika

Das erste Kapitel beschreibt die Ankunft des Protagonisten Karl Roßmann in New York. Er ist von seinen Eltern nach Amerika verbannt worden, weil ein Dienstmädchen von ihm schwanger geworden ist. Das ist alles, was an dieser Stelle von der Vorgeschichte zu erfahren ist. Während der Einfahrt in den Hafen lernt Karl einen Mann kennen, der in der Folge nur »der Heizer« genannt wird. Diesem begegnet Karl zufällig, als er, während das Schiff in den Hafen einfährt, auf der Suche nach seinem Regenschirm in den Gängen des Schiffes umherirrt. Er klopft in seiner Verwirrung »an eine beliebige kleine Türe« (S. 8) und gerät so an den Heizer, dessen Namen er nicht erfährt. Das ist umso auffälliger, als sogar die Namen der Personen, von denen nach ihrem kurzen Auftreten nicht mehr die Rede sein wird, genannt werden. So heißt der

■ Begegnung mit dem Heizer

Mann, der auf Karls Koffer aufzupassen versprochen hat, Franz Butterbaum, der Obermaschinist des Schiffes und Vorgesetzte des Heizers heißt Schubal. Der Heizer übrigens ist im Gegensatz zu dem Geheimnis, das um seinen Namen gemacht wird, in der Lage, die Namen der zwanzig Schiffe, auf denen er gedient hat, zu nennen, nur eben der eigene Name bleibt ungenannt. Karl fasst sofort Zuneigung zu dem Heizer und begleitet ihn zum »Bureau«, wo dieser sich beim Kapitän über erlittene ungerechte Behandlung beschweren will. Dort angekommen, verlangt der Heizer nach dem Oberkassierer, wird aber abgewiesen. Karl ergreift die Partei des Heizers, obwohl er wenig von dessen Angelegenheiten weiß, und überlässt dann diesem das Wort, der sich aber kaum Aufmerksamkeit zu verschaffen weiß. Die anwesenden Offiziere verlieren schnell das Interesse an den Ausführungen des Heizers, der sich bei seiner Darstellung einer Sache in Einzelheiten verwirrt und jegliches Selbstvertrauen verloren zu haben scheint. Der hinzugekommene Obermaschinist Schubal beginnt, unterstützt von mitgebrachten Zeugen, seine Sicht der Dinge auszubreiten, als einer der anwesenden Männer nach Karls Namen fragt und sich als der Onkel herausstellt, zu dem Karl unterwegs ist. Karl, der sich weiterhin als Anwalt des Heizers versteht, erkennt, dass sich das Interesse der Versammlung gänzlich vom Heizer abwendet. Es ist nur noch von ihm, seinem Onkel und der Vorgeschichte seiner Reise die Rede. Dieser enthüllt den Anwesenden Details von den Vorfällen, die

■ Im Bureau

■ Schubal

■ Der Onkel

zu Karls Reise geführt haben, und macht seine Freude über die Ankunft des Neffen deutlich. Nach herzlicher Verabschiedung von dem Heizer verlässt Karl mit dem Onkel das Schiff unter dem Eindruck, einen großen Verlust erlitten zu haben. Die Handlung verlässt das Schiff und den Heizer und kehrt nicht mehr zu ihnen zurück, soweit das Romanfragment reicht.

II Der Onkel

Karls Onkel und seine Welt

Das zweite Kapitel beginnt im Haus des Onkels in New York und endet mit der Ankunft Karls vor dem Landhaus des Herrn Pollunder. Der Onkel stellt sich als sehr reich und großzügig heraus, Karl bewohnt in seinem Haus Zimmer, die im sechsten Stock über fünf Stockwerken voller Geschäftsräume liegen und prächtig eingerichtet sind. Sogar ein Klavier wird angeschafft, um Karls Bildung und Ausbildung zu fördern, desgleichen ein moderner Schreibtisch. Nach einer Zeit der Eingewöhnung beginnt Karl, Englisch zu lernen. Daneben erhält er Reitunterricht durch Herrn Mack, den Sohn eines Bauunternehmers, auch lernt Karl das Geschäft seines Onkels ein wenig kennen. Zum Beispiel besichtigt er, vom Onkel geführt, die gigantische Telegraphenzentrale des Unternehmens. Überhaupt wird er sehr freundlich und großzügig behandelt. Von der neuen Welt allerdings bekommt Karl nur wenig zu sehen. Von seinem Balkon aus kann er lediglich die nie abreißenden Verkehrsströme in den Straßen unter ihm beobachten. In der

Folge lernt Karl im Hause seines Onkels Herrn Green, einen Geschäftsfreund, und Herrn Pollunder, einen Bankier kennen, der öfter Gast bei Karls Onkel ist. Pollunder lädt Karl auf seinen Landsitz außerhalb von New York ein, womit Karls Onkel offensichtlich nicht einverstanden ist, obwohl er zunächst einem Besuch freudig zustimmt. Pollunder und Karl reisen mit dem Auto ab, obwohl der Onkel, seiner vorherigen Einwilligung zum Trotz, mehrere Einwendungen macht. Karl und Pollunder reisen in dessen Auto ab. Zum ersten Mal bewegt sich Karl weiter vom Haus des Onkels entfernt auf den Straßen New Yorks und des Umlandes.

III Ein Landhaus bei New York

Die Handlung des dritten Kapitels spielt ausschließlich im Landhaus des Herrn Pollunder. Das Kapitel beginnt mit der Ankunft Karls und Pollunders vor dem riesigen Landhaus des Geschäftsmannes. Sie werden von Pollunders Tochter Klara begrüßt, die ihnen mitteilt, dass unangekündigt bereits Herr Green eingetroffen ist, was in Karl unangenehme Gefühle auslöst. Er empfindet Greens Verhalten als unhöflich und abstoßend. Von Klara hingegen ist er positiv beeindruckt. Er bewundert ihre Schönheit und den »Glanz ihrer unbändig bewegten Augen« (S. 60). Gemeinsam gehen sie durch das finstere Landhaus. Klaras Verhalten dabei befremdet Karl zunehmend, in seinem Zimmer verwickelt sie ihn sogar in einen

■ Der Besuch bei Herrn Pollunder

Ringkampf, in dem sie ihn auf ein Kanapee zwingt und würgt. Dann läuft sie davon. Karl irrt durch das finstere Haus und findet nur mit der Hilfe eines alten Dieners zu Pollunder und Green zurück. Der Diener berichtet Karl auch von Klaras Verlobung mit Mack, dem Reitlehrer Karls. Im Verlauf des weiteren Aufenthaltes wird Karl zunehmend klar, dass er gegen den Willen seines Onkels mit Pollunder gereist ist. Er ist zwischen seinen Schuldgefühlen, »Herrn Pollunders Güte und Herrn Greens Abscheulichkeit« (S. 76) gefangen. Am Ende des Kapitels erhält Karl durch Green einen Brief seines Onkels, in dem dieser aus Enttäuschung über Karls Besuch bei Pollunder alle Brücken zu seinem Neffen abbricht. Der Onkel entpuppt sich hier als allmächtige, richtende Instanz, die es vermag, Karl, um ihn zu bestrafen, aus seinem Lebensraum zu verstoßen. Ausgestattet mit seinem Koffer und dem Regenschirm, macht sich Karl zu Fuß auf den Weg ins Unbekannte.

■ Die Verstoßung durch den Onkel

IV Der Marsch nach Ramses

Das Kapitel beginnt in einem sehr einfachen Wirtshaus, in dem Karl den Rest der Nacht seit seinem Fortgang aus dem Landhaus Pollunders verbringen will. Von heftigem Heimweh überwältigt, versenkt er sich in das Foto seiner Eltern. In dem finstern fensterlosen Hotelzimmer lernt er, nachdem er seinen Koffer inspiziert hat, Robinson und Delamarche kennen, zwei Maschinenschlosser auf Arbeitssuche, die

■ Delamarche und Robinson

im selben Zimmer übernachten. Diese bieten Karl an, gemeinsam weiterzuziehen. Sie stellen ihm sogar eine Lehrstelle in Aussicht. Karl ist zunächst misstrauisch, zieht aber dann mit ihnen am nächsten Morgen los, obwohl sie ihn, wie er feststellt, schon bald übervorteilen und bestehlen. Zum Beispiel verkaufen sie seinen besseren Anzug, geben ihm aber nur einen kleinen Teil des Erlöses. Später überlassen sie ihm das Bezahlen der Zeche in einem Gasthaus. Auf dem Marsch bekommt Karl zum ersten Mal einen Eindruck von der amerikanischen Landschaft. Am Abend suchen sie sich ein Nachtlager im Freien in der Nähe der Stadt Ramses. Karl zieht los, um in dem nahe gelegenen Hotel Occidental Nahrung für sich und seine Begleiter zu besorgen. Zunächst ist er von der Größe und dem Durcheinander im Hotel ähnlich überfordert und verwirrt wie zuvor in der Telegraphenzentrale seines Onkels, dann aber stößt er auf die freundliche Oberköchin Grete Mitzelbach, die ihn großzügig mit Nahrungsmitteln ausstattet. Sie bietet ihm sogar an, ihm eine Übernachtung im Hotel zu ermöglichen. Karl lehnt das aber ab und kehrt zu seinen Gefährten zurück. Diese haben in seiner Abwesenheit seinen Koffer aufgebrochen und durchsucht. Sogar die Fotografie von Karls Eltern ist verschwunden und kann nicht mehr aufgefunden werden. Es kommt zum Streit, der fast in eine Prügelei ausartet und von einem Kellner aus dem Hotel unterbrochen wird, der den Korb der Köchin holen will und Karl noch einmal in ihrem Auftrag zur Übernachtung im Hotel einlädt.

■ Das Hotel Occidental

Karl nimmt an, trennt sich von seinen Begleitern und beschließt sein Glück im Hotel Occidental zu suchen. Wieder scheint er in einer neuen Welt willkommen zu sein, scheinen sich Möglichkeiten für ein gesichertes Leben aufzutun.

V Im Hotel Occidental

Die Welt des Hotels und Karls Neubeginn

In dem riesigen und unüberschaubaren Hotel scheint sich Karls Schicksal zu wenden. Er wird von der Oberköchin Grete Mitzelbach freundlich aufgenommen, die ihn willkommen heißt und ihm ihre Lebensgeschichte erzählt. Auch ihre Sekretärin, Therese Berchtold, verhält sich Karl gegenüber freundlich. Begünstigt durch die Protektion der Oberköchin, bekommt Karl eine Stelle als Liftjunge. Die Arbeit stellt sich rasch als sehr anstrengend heraus, die Arbeitsbedingungen sind beschwerlich und teilweise demütigend. Karl arbeitet sich schnell ein und ist bemüht, den Gästen die Fahrten angenehm zu machen. Als schwierig erweist sich der Versuch, im Schlafsaal Ruhe und Rückzugsmöglichkeiten zu finden. Erholsam ist die Zeit mit Therese Berchtold. Karl erfährt in einem nächtlichen Gespräch von ihrer leidvollen Kindheit, die von Not, Entbehrungen und Verlusten geprägt gewesen ist. Karl tritt seine neue Stelle mit guten Vorsätzen an, er wird von seinem Kollegen Giacomo in die neuen Pflichten eingewiesen. Das neue Leben stellt sich als ausgesprochen anstrengend, die Unterkunft im Schlafsaal der Liftjungen als sehr unbequem heraus. Dem Dienst allerdings fühlt sich Karl vollständig gewachsen. Die karge Freizeit verbringt Karl mit der Oberköchin und Therese, die von ihrer schweren Kindheit berichtet. Nach einer Zeit des Fußfassens und Sicheinrichtens im Hotel tauchen Delamarche und Robinson wieder auf und bedrohen, zunächst nur in Vorzeichen und vermittelt durch den Liftjungen Renell, Karls Existenz im Hotel Occidental.

VI Der Fall Robinson

Karl hat sich in der schwer zu überschauenden Welt des Hotels eingerichtet, so gut es ihm gelingt, und arbeitet hier zwei Monate lang. Da taucht unvermittelt Robinson auf. Karl erkennt ihn zunächst kaum, weil Robinson in feiner, aber nicht zusammenpassender Kleidung steckt. Er versucht Karl aus dem Hotel zu locken, damit er ihn und Delamarche zu der Sängerin Brunelda begleite. Karl lehnt ab und macht den Bruch zwischen ihm und den Weggefährten deutlich. Robinson, der schwer betrunken ist, erbricht sich über das Geländer ins Treppenhaus des Hotels. Karl fürchtet wegen der Vorfälle um seine Stellung und bringt Robinson, der zunehmend hilflos ist und sich weigert, das Hotel zu verlassen, im Schlafsaal der Liftjungen unter. Karls Abwesenheit vom Lift ist inzwischen vom Oberkellner bemerkt worden. Dieser befiehlt Karl in sein Büro, wo, in Anwesenheit des Portiers, eine Art Gerichtsverhandlung über Karl abgehalten wird. Beide Vorgesetzten ziehen die Verhandlung in

■ Robinsons Einbruch in Karls neues Leben

■ Anklage und zweite Verstoßung

die Länge, obwohl längst über Karls Entlassung entschieden ist. Auch die Oberköchin, Karls Gönnerin, wird in die Sache hineingezogen, ebenso Therese. Karl werden zunehmend unwahre Verfehlungen vorgeworfen. Seine Einwände bekommen kein Gehör. Am Ende ist Karl entlassen, wird aber vom Portier weiter festgehalten und misshandelt. Schließlich gelingt ihm die Flucht, er lässt dabei aber sein Jackett mit den Ausweispapieren zurück. Vor dem Hotel stößt er auf den übel zugerichteten Robinson, mit dem er sich in einem Auto auf die weitere Reise macht.

[VII] »Es musste wohl eine entlegene …«

Der siebte Abschnitt des Romans verfügt über keine Kapitelüberschrift, ebenso wenig die folgenden. Er beginnt mit Karls und Robinsons Ankunft vor dem Haus, in dem Delamarche, Robinson und die ehemalige Sängerin Brunelda wohnen. Karl kann das Taxi nicht bezahlen und sich einem hinzukommenden Polizisten gegenüber nicht ausweisen. Er flieht, es ergibt sich eine slapstickhafte Verfolgungsjagd. Delamarche rettet ihn vor den Verfolgern und nimmt ihn mit zu Brunelda, in deren Wohnung die beiden Gefährten untergekommen sind und deren Geliebter Delamarche ist. Schauplatz der folgenden Zeit ist eine heruntergekommene Wohnung im Hinterhaus eines unüberschaubaren Mietshauskomplexes. Karl lebt gewissermaßen als Gefangener von Delamarche und Robinson in Bruneldas Haushalt. Er bekommt Aufgaben

■ Bei der Sängerin Brunelda

eines Dienstboten. Vor allem soll er Robinson assistieren, der sich seinerseits von Delamarche und Brunelda unterdrückt fühlt. Vom Balkon aus beobachten Brunelda und die Männer eine Wahlkampfszene. Ein Fluchtversuch Karls wird brutal vereitelt. Außerdem macht Karl die Bekanntschaft mit dem Studenten Josef Mendel, der in der Wohnung nebenan lebt und Karl von seinem Leben in Mühsal und wirtschaftlicher Not erzählt.

■ Josef Mendel

[VIII] »»Auf! Auf!‹ rief Robinson …«

Der achte Abschnitt spielt in derselben Wohnung wie der siebte. Es ist unklar, ob er nicht als Teil des siebten Abschnitts zu betrachten ist. Karl lebt mit Brunelda, Delamarche und Robinson in der heruntergekommenen Wohnung. Der Abschnitt beginnt mit Bruneldas Bad, bei dem die drei Männer assistieren müssen. Im Anschluss an das Bad organisiert Karl ein Frühstück, das die Vermieterin aus den Resten der Mahlzeiten, die die anderen Mieter gehabt haben, zusammenstellt. Obwohl er nicht freiwillig in dieser Situation ist, bemüht sich Karl mit großem Eifer, seine Arbeit in Bruneldas Diensten ordentlich zu verrichten und die Zufriedenheit seiner Peiniger zu erreichen.

■ Karls Leben als Diener in Gefangenschaft

Fragmente

(1) Ausreise Bruneldas

In diesem etwas kürzeren Fragment, das unvermittelt abbricht, wird berichtet, wie Brunelda aus ihrer Wohnung in das so genannte »Unternehmen 25« (S. 267) gebracht wird, offenbar ein Bordell. Vieles bleibt unklar, zum Beispiel der Verbleib von Delamarche und Robinson, die nicht erwähnt werden. Auch der Grund für den Auszug Bruneldas wird nicht genannt. Die ehemalige Sängerin scheint inzwischen vollkommen unfähig, sich aus eigener Kraft fortzubewegen. Karl und der Student Josef Mendel tragen sie die Treppe hinunter und setzen sie in einen Handwagen, der von Karl alleine durch die Straßen bewegt wird. Unterwegs werden sie verschiedentlich angesprochen und von einem Polizisten kontrolliert. Brunelda hat alle Dominanz der vorherigen Abschnitte verloren und wirkt verängstigt und schüchtern. Im Unternehmen 25 wird Brunelda höflich, Karl schroff begrüßt. Dieser ist von der Unsauberkeit des Gebäudeinneren abgestoßen. Mitten im Satz bricht der Erzählgang ab.

Insgesamt steht der kurze Abschnitt isoliert da, an das Vorhergehende ist er ebenso wenig angebunden, wie an das Folgende. Er wirkt wie eine alptraumhafte Momentaufnahme. Von Delamarche und Robinson ist nicht mehr die Rede. Überhaupt scheint zwischen dem achten Kapitel und dem Fragment viel geschehen und einige Zeit vergangen zu sein.

■ Unternehmen 25

(2) Karl sah an einer Straßenecke … / Sie fuhren zwei Tage …

Zwei Abschnitte stehen am Ende des Romanfragments, ohne ein wirkliches Ende des Romans zu bilden. Der erste, längere von ihnen beschreibt, wie Karl von dem »Theater von Oklahoma« erfährt, nach der Annahmestelle sucht und nach längeren Verhandlungen als technischer Arbeiter aufgenommen wird. Der Abschnitt schließt damit, dass von den Massen der Angeworbenen ein Zug bestiegen wird, der alle neu Aufgenommenen zum Theater bringen soll.

Der Abschnitt scheint für Karl vom ersten Moment an eine Wende zum Guten zu bringen. Karl entdeckt »an einer Straßenecke« (S. 271) ein Plakat, das für »das Theater in Oklahoma« (S. 271) wirbt. Karl beschließt, sich anwerben zu lassen, und begibt sich mit seinem letzten Geld nach Clayton, wo die Anwerbung stattfinden soll. Dort werden die Bewerber auf einem großen Platz mit Trompetenklang und von wie Engel gekleideten Frauen empfangen. Eine von ihnen ist eine Freundin Karls, von der allerdings bisher nicht die Rede war, Fanny. Die Aufnahmegespräche finden in einer Rennbahn statt. Karl wird am Ende unter dem Namen »Negro« als »technischer Arbeiter« (S. 286) aufgenommen. Unter den Aufgenommenen trifft er auf Giacomo, den er aus dem Hotel Occidental kennt. Anschließend an ein reichhaltiges Begrüßungsessen werden die sehr zahlreichen neuen Mitarbeiter zum Bahnhof geführt, von wo sie ein Zug zum Theater

■ Das »Theater von Oklahama«

von Oklahama bringen soll. Der Abschnitt endet mit der Abfahrt des Zuges.

Auf der Reise

Ein zweiter Abschnitt, kaum eine Seite lang, ist zu berücksichtigen. Er berichtet von der Bahnfahrt zum Theater von Oklahama, dies allerdings nur insofern, als das Innere des Zugabteils und seine Insassen beschrieben werden sowie die vorbeiziehende Landschaft. Start und Ziel der Reise bleiben unberücksichtigt. Karl und Giacomo sehen aus dem Fenster, und Karl begreift erst jetzt »die Größe Amerikas« (S. 292). Die Mitreisenden spielen Karten, während Karl die Landschaft, die sie durchreisen, bestaunt.

Mögliche Roman-enden

Ein Romanende ist nicht erhalten. Zwar gibt es Äußerungen von Kafka, die nahelegen, dass Karl am Ende getötet werden soll, so zum Beispiel im Tagebuch am 30. September 1915, als die Arbeit an dem Roman längst versiegt ist: »Rossmann und K., der Schuldlose und der Schuldige, schliesslich beide unterschiedslos strafweise umgebracht.«[2] Max Brod hingegen spricht von einem glücklichen Ende. Eine Inhaltsangabe des Romanfragments hat neben den berichteten Ereignissen auch Lücken und Leerstellen zu vermerken. Der Verschollene endet mit einer solchen, die allerdings weniger etwas Ungesagtes markiert, als dass sie die Aufgabe des Projektes dokumentiert.

2 Franz Kafka, *Tagebücher*, hrsg. von Hans-Gerd Koch, Michael Müller und Malcolm Pasley, Bd. 1 [Textband], Frankfurt a. M. 1990 (*Schriften – Tagebücher – Briefe. Kritische Ausgabe*).

Insgesamt lässt sich der Roman auf der Handlungsebene unterschiedlich gliedern. Zur Übersichtlichkeit
trägt eine Einteilung in größere Bereiche bei, die sich
an Personen und Handlungsabschnitten orientiert.
So lassen sich die ersten drei Kapitel als »Großstadt-
abschnitt« zusammenfassen, der mit der Ankunft in
New York beginnt und mit der Verstoßung Karls
durch den Onkel endet. Ein »Hotelabschnitt« bietet
sich weiterhin an, der wieder drei Kapitel umfasst.
Würde man dagegen bei der Anbindung größerer Abschnitte an Personen bleiben, so müsste ein »Robin-
son-und-Delamarche-Abschnitt« etabliert werden,
der noch etwas weiter ausgriffe. Den dritten Abschnitt bilden im ersten Falle die Flucht Karls und die
Zeit bei Brunelda einschließlich »Bruneldas Auszug«,
den Schluss dominiert das Theater, mithin der Auszug ins Weite. Gegen Ende des Romanfragments
bleibt freilich eine Unschärfe zurück, da unklar bleibt,
auf welches Ende der Roman zulaufen sollte. Aber
nicht nur das Romanende wirft Fragen auf. Auch der
Zusammenhang der letzten, bruchstückhaften Abschnitte, bleibt in Teilen unklar. So bleibt zum Beispiel Karls Freundin, Fanny, in ihrer Persönlichkeit
und ihrer Funktion innerhalb der Romanhandlung
unklar. Auch dass Karl den Namen »Negro« in seinen
»letzten Stellungen« (S. 281) getragen hat, von denen
sich im Text nichts findet, lässt auf größere Textlü-
cken schließen.

■ Gliede-
rungs-
ansätze

3. Figuren

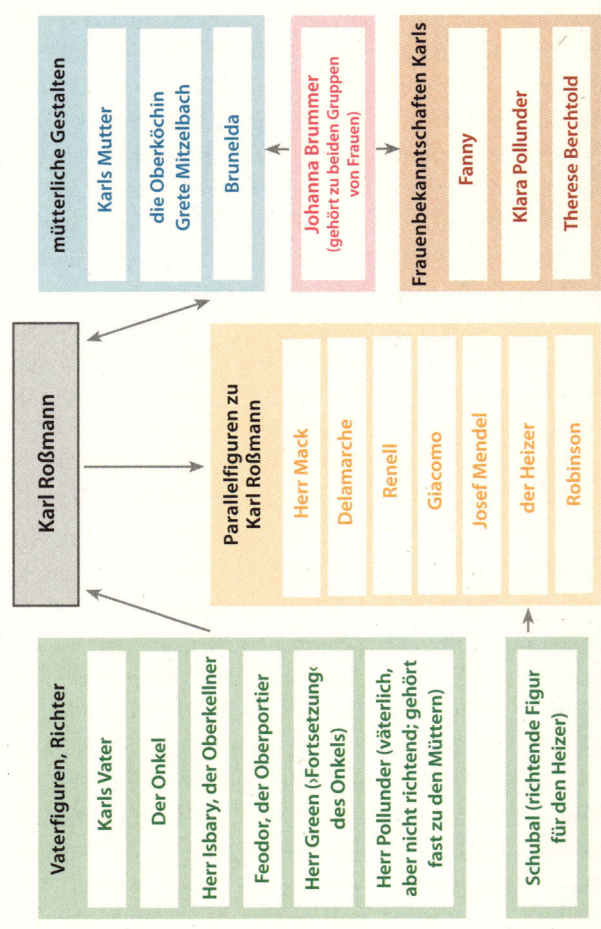

Abb. 1: Figurenkonstellation

Die handelnden Figuren im Roman sind zahlreich und vielfältig. Die meisten der im *Verschollenen* auftretenden Menschen sind einzelnen Abschnitten oder Episoden verhaftet. Keine begleitet den Protagonisten Karl Roßmann von Anfang bis Ende. Nur selten wird jemand noch erwähnt, wenn er nicht mehr anwesend ist. Sehr selten taucht jemand wieder auf, wie zum Beispiel der Liftjunge Giacomo (siehe dort). Weiterhin fällt auf, dass kaum eine der Figuren in Amerika geboren ist. Es handelt sich bei der überwiegenden Mehrzahl um Einwanderer, die in der neuen Heimat unterschiedlich erfolgreich agieren und in ihrem Schicksal Varianten zur Geschichte Karls zeichnen. Da alle Figuren des Romans in ihrer Darstellung durch Karls Wahrnehmung bestimmt sind, werden Ähnlichkeiten oder Unterschiede zu ihm besonders deutlich, ebenso Funktionen, die sie für ihn haben.

Karl Roßmann: Protagonist und Titelfigur des Romans. Er ist in allen Kapiteln und Abschnitten des Romans präsent und gleichzeitig die die Handlung erlebende Instanz. Insofern fasst er die Teile des Romans in der Klammer seines Erlebens zusammen. Gleichzeitig steht er allen anderen Figuren gegenüber. Karl ist zu Beginn der Romanhandlung siebzehn Jahre alt und einziges Kind einer bürgerlichen Familie. Von seiner Vergangenheit ist bekannt, dass er in Prag aufgewachsen ist, ein Gymnasium besucht hat und, nachdem ein Dienstmädchen von ihm schwanger geworden ist, nach Amerika verbannt worden ist. Vor

■ Protagonist

■ Karls Vorgeschichte

seiner Verbannung wollte er Ingenieur werden. Karl Roßmann zeigt in den wechselnden Situationen seines Weges durch Amerika immer wieder eine gewisse Kindlichkeit im Verhalten, aber auch in seinem Erleben der Neuen Welt. Gleichzeitig ist ihm ein erstaunlicher Optimismus eigen. Die zahlreichen Rückschläge und Enttäuschungen, denen er im Laufe des Romans ausgesetzt ist, bringen ihn nicht zum Aufgeben. Noch auf der Zugfahrt nach »Oklahama«, im letzten erhaltenen Textabschnitt, ist seine Neugier auf das große Land ungebrochen.

Vater Roßmann: Der Vater tritt in der Romanhandlung selbst nicht auf, durch ein Foto, das Karl eine Weile lang mit sich führt, erfährt der Leser aber einiges über sein Aussehen und seine Position und Funktion innerhalb der Familie. Der »kleine Vater« (S. 94) steht aufgerichtet hinter dem Sessel, in dem die Mutter sitzt. Es gelingt Karl nicht, seinen Blick einzufangen, wenige Details werden genannt, so zum Beispiel eine geballte Faust. Insgesamt wirkt der Vater wie jemand, der gerne mehr Autorität hätte, als er hat. Karls Onkel steuert über das Bild hinaus einiges an Informationen, vor allem aber Urteilen über Karls Eltern bei. So erwähnt er »Bettelbriefe« (S. 29) und dass Karl von seinen Eltern »beiseitegeschafft« (S. 28) worden sei.

Mutter Roßmann: Auch sie wird nur auf Karls Foto sichtbar. Dort sitzt sie »ein wenig eingesunken« (S. 94) in einem Sessel, während der Vater »hoch aufgerichtet« (S. 94) steht, In Karls Wahrnehmung tritt sie allerdings hinter dem Vater zurück. Auf Karl wirkt sie, »als sei ihr ein Leid angetan worden« (S. 94). Es entsteht der Eindruck, als stehe Karl ihr ein wenig näher als dem Vater.

Der Heizer: Obwohl der Heizer nur im ersten Kapitel in Erscheinung tritt, ist er von zentraler Bedeutung für Karl Roßmann und den gesamten Roman. Von seiner Person erfährt man wenig, nicht einmal seinen Namen, gerade einmal, dass er »ein Deutscher« (S. 8) und »Schiffsheizer« (S. 10) sei. Immerhin wird er als »riesiger Mann« (S. 8) geschildert, mit dunklem und kurzem Haar. Karl empfindet für ihn spontan starke Sympathie und Seelenverwandtschaft. Ohne Zögern nimmt er während ihrer ersten Unterhaltung in der Koje des Heizers Platz. Später küsst er die Hand des neuen Bekannten und streichelt sie. Der Heizer fühlt sich vom Obermaschinisten des transatlantischen Schiffes ungerecht behandelt und will in New York abmustern. Vor dem Zusammentreffen mit dem Kapitän gibt er sich empört und konfliktbereit, im entscheidenden Treffen verhält er sich aber unsicher und eingeschüchtert. Seine Bedeutung für Karl wird besonders am Ende des Kapitels deutlich. Als dieser mit seinem Onkel das Schiff verlässt, bricht er ob des Verlustes in Weinen aus wie schon vorher, als er von dem Heizer Abschied nehmen musste. Insgesamt ist der Heizer die Person im Roman, die für Karl einem Freund oder einem Vertrauten am nächsten kommt,

■ Fast ein Freund

obwohl er in seiner Größe, Stärke und offensichtlichen Männlichkeit den richtenden Vaterfiguren ähnelt. Durch seine ebenso offensichtliche Hilfsbedürftigkeit wiederum unterscheidet er sich von diesen.

Senator Edward Jakob / Jakob Bendelmayer: Staatsrat/Senator und Onkel Karls; er tritt in den ersten zwei Kapiteln des Romans auf, im dritten ist er durch seinen Brief an Karl präsent. Später taucht er nicht mehr auf. Während der Heizer sich in seinem Auftreten deutlich als Angehöriger einer unterprivilegierten Bevölkerungsschicht gibt, tritt der Onkel Karls als Vertreter der Oberschicht auf. Er hat sich allerdings nach eigener Aussage aus bescheidenen Anfängen als Einwanderer emporgearbeitet und herrscht nun über ein gewaltiges Speditionsimperium. Seine Verbindungen zur alten Heimat scheinen nahezu abgerissen zu sein. Sogar den Namen hat er gewechselt, aus dem Jakob Bendelmayer aus Europa ist der amerikanische Edward Jakob geworden. Eine eigene Familie in Amerika hat er nicht. Auf Karl reagiert er bereits beim ersten Zusammentreffen enthusiastisch und nennt ihn seinen »prächtigen Neffen«. Gegen dessen Eltern, von denen er keine gute Meinung zu haben scheint, nimmt er Karl in Schutz. Im Gegensatz zu seiner Reaktion auf Karl interessiert er sich gar nicht für den Heizer. Im weiteren Verlauf kümmert er sich fürsorglich um Karl und dessen Ausbildung, verlangt aber auch Gehorsam und die Befolgung auch unausgesprochener Wünsche. Er ist Karl gegenüber eine

zentrale Vaterfigur und später auch richtende Instanz. ■ Richtende
Betont wird seine Großzügigkeit, aber auch die Rigo- Vaterfigur
rosität seiner Entscheidungen. Seine Handlungen
sind unvorhersehbar, vor allem für Karl, durch dessen
Augen die Welt betrachtet wird. Dass er Karls Ausflug
zu Pollunder zum Anlass nimmt, mit dem Neffen zu
brechen, kündigt sich zwar durch Anzeichen seines
Unwillens an, kommt aber dennoch überraschend
und wie ein Schicksalsschlag.

Johanna Brummer: Dienstmädchen, das von Karl
schwanger geworden ist, ungefähr 35 Jahre alt. Sie
tritt selbst nicht auf, ist aber in Karls Erinnerung und
in einem Brief, den sie an Karls Onkel geschrieben
hat, präsent. In Karls Erinnerung ging der Kontakt
zwischen ihnen von ihr aus. Im Brief an den Onkel erscheint sie vor allem fürsorglich, schon durch die Tatsache, dass sie sich überhaupt an ihn wendet, um ihn
auf Karls Ankunft vorzubereiten.

Schubal: Der Obermaschinist ist der Widersacher
des Heizers an Bord des Schiffes, mit dem Karl Roßmann in New York angekommen ist. Er bekleidet in
der Mannschaft des Schiffes eine einflussreiche Position. Er sei Rumäne, teilt der Heizer mit. Unter der
Mannschaft des Schiffes besitzt Schubal eine große
Anhängerschaft, die er auch zur Auseinandersetzung
mit dem Heizer in die Kapitänskajüte mitbringt. Für
den Heizer wirkt er ähnlich verhängnisvoll wie die
richtenden Vatergestalten für Karl.

Herr Mak / Mack[3]**:** ein jüngere Bekannter des Onkels, den Karl schon zu Beginn seiner Zeit in New York kennenlernt (S. 44). Er ist Sohn eines der größten Bauunternehmer New Yorks. Karl vermutet in ihm einen »jener [...] missratenen Millionärssöhne« (S. 45), die ihr Leben ohne eigene Arbeit gestalten. Dabei scheint ihm alles, was er versucht, leicht zu gelingen. Karl trifft ihn regelmäßig in der Reitschule und erhält von ihm Reitunterricht. Später, im Landhaus Pollunders, stellt sich heraus, dass Mack mit Klara, der Tochter Pollunders, verlobt ist. Insgesamt stellt er einen Gegensatz zu Karl dar, da er, der in ähnlicher Situation wie Karl ist, nicht zu lernen und nicht zu arbeiten braucht und trotzdem in seiner Existenz nicht gefährdet ist.

■ Das Gegenteil von Karls Schicksal

Mr. Green: Die Absichten dieses Mannes, er wird als groß und dick beschrieben, sind für Karl nicht vollkommen klar. Er ist, ähnlich wie Pollunder, ein Geschäftsfreund des Onkels, verhält sich aber anders, gerade Karl gegenüber. Einerseits begegnet er Karl oberflächlich freundlich und interessiert. Andererseits lässt er ihn im Landhaus Pollunders in die Zeitfalle laufen und verschuldet so Karls Verstoßung durch den Onkel mit. In seiner Einstellung Karl gegenüber liegt der größte Unterschied zwischen ihm und Pollunder. Karl empfindet Green immer wieder als abstoßend und als persönlichen Feind. Nach der

3 Kafka verwendet beide Schreibweisen im Manuskript.

Verstoßung behandelt er Karl schroff und respekt-
los.

Herr Pollunder: Freund des Onkels in New York.
Ebenso wie Green ist er groß und dick. Er lädt Karl in
sein Landhaus ein und ist zumindest mit dafür verantwortlich, dass Karl von seinem Onkel verstoßen wird,
indem er auf dem Ausflug in sein Landhaus insistiert,
obwohl der Onkel gegen den Ausflug ist. Die beiden
agieren wie Gegenspieler, die um Karl kämpfen, ohne
dies zuzugeben. Pollunder begegnet Karl sehr offen
und wohlwollend und zeigt von Anfang an persönliches Interesse an ihm. Er behandelt ihn freundlich und
respektvoll. Vor Green und seinen Machenschaften
gegenüber beschützt er Karl allerdings nicht.

Klara Pollunder: Die Tochter des Herrn Pollunder
tritt ausschließlich im dritten Kapitel des Romans auf,
wird aber im zweiten bereits erwähnt. Karl ist überrascht von ihrer Attraktivität, vor allem vom Glanz
ihrer Augen. Sie ist mit Herrn Mack verlobt, bemüht
sich aber sehr um Karl. Allerdings weist sie in ihrem
Verhalten ihm gegenüber immer wieder eine ihm rät-
selhafte Sprunghaftigkeit auf. So verhält sie sich bei
Tisch gesellschaftlich angemessen, wenn auch selbst-
bewusst, später aber verwickelt sie ihn in einen Ringkampf und bedrängt ihn auf halb erotische Weise, die ■ Die Verfüh-
in ihm den Wunsch verstärkt abzureisen. Karl gegen-   rerin
über wechselt sie ständig zwischen Distanz und Annäherung und bleibt für ihn letztlich unverständlich.

Robinson: Robinson ist ein Ire, der gemeinsam mit Delamarche in Amerika unterwegs ist. Beide sind arbeitslose Maschinenschlosser und, wie sie sagen, auf Arbeitssuche. Offensichtlich sind sie von Anfang daran interessiert, Karl auszunützen und zu bestehlen. Robinson neigt dazu, sich zu betrinken und in kritischen Situationen Verantwortung auf Karl abzuwälzen. Er ist seinem Gefährten Delamarche unterlegen und versucht seinerseits, Karl zu beeinflussen und zu unterdrücken.

Delamarche: Delamarche ist der Freund Robinsons. Er ist dunkelhäutig und, eigenen Angaben zufolge, Franzose. Er hat eine Liebesbeziehung zu der ehemaligen Sängerin Brunelda. Sein Interesse gilt erst Karls Geld und sonstigen Besitztümern, später erzwingt er von ihm Dienstleistungen. Er betrachtet sich als Gebieter auch über Robinson. Karl gegenüber neigt er zu Gewalttaten.

Grete Mitzelbach: Die Oberköchin im Hotel Occidental, fünfzig Jahre alt, stammt aus Wien, hat eine Zeit in Prag gearbeitet und lebt nun seit etwa dreißig Jahren, wie Karls Onkel, in Amerika, hat sich aber nicht wirklich eingelebt. Sie ist im Hotel anerkannt, fühlt sich aber körperlich überfordert und lässt sich, zum Beispiel bei ihrem Versuch, Karl gegen den Oberkellner und den Portier zu verteidigen, schnell einschüchtern. Auffallend an ihrem Verhalten ist von Anfang an ihre spontane Sympathie für Karl.

Geradezu mütterlich begegnet sie ihm. Seine Bitten um Essen hält sie für zu bescheiden und bietet ihm und seinen Gefährten Unterkunft im Hotel an. Sie setzt sich für Karl ein, indem sie ihm eine Stelle als Liftjunge vermittelt. Überhaupt ist ihre Bedeutung für den Protagonisten kaum zu überschätzen. Sie fördert ihn, ohne ihn danach zu verstoßen, wenngleich sie ihn nicht wirksam unterstützt. Dass Karl das Hotel verlassen muss, liegt nicht am Bedürfnis der Oberköchin zu strafen, sondern an ihrer Machtlosigkeit.

■ Eine Mutterfigur

Therese Berchtold: Therese begegnet dem Leser im Hotel Occidental, wo sie als Schreibmaschinensekretärin arbeitet. Angefangen hat sie als Küchenmädchen. Sie stammt aus Pommern und hat eine schwere Kindheit durchlebt, von der sie Karl ausführlich erzählt. Ihr Vater war als Maurer nach Amerika ausgewandert. Thereses Mutter folgte ihm mit der kleinen Tochter nach. Vom Vater verlassen, wurde Therese von der Mutter alleine aufgezogen, deren Selbstmord sie miterlebt hat. Sie ist achtzehn Jahre alt, wirkt aber noch sehr kindlich und explizit wenig weiblich in ihrer Erscheinung. In einem nächtlichen Gespräch nähert sie sich an Karl an, zu einer erotischen Szene kommt es aber nicht. Therese behandelt Karl freundlich und unterstützt ihn bei seinem Bemühen, im Hotel voranzukommen. Gegen den Oberportier und den Oberkellner kann sie ihm nicht helfen.

Renell: Der Liftboy ist eine der wenigen Figuren im Roman, die in Amerika geboren sind. Er ist als Liftjunge im Hotel Occidental Kollege Karls. Er wird als »der zierlichste Junge im Hotel« (S. 143) beschrieben. Karl begegnet er freundlich, nutzt ihn aber auch aus. Von ihm wird unter den jungen Angestellten gemunkelt, eine vornehme Dame, die als Gast im Hotel wohnt, pflege ihn im Lift abzuküssen. Zu Karls Verstoßung aus dem Hotel trägt er bei, indem er sich von Robinson über Karl ausfragen lässt.

Herr Isbary: Der Oberkellner ist im Hotel Occidental zuständig für die Liftjungen und damit Karls Vorgesetzter. Karl begegnet dem »schlanken schönen Mann mit großer Nase« (S. 129) nach seiner Einstellung. Dieser beachtet ihn kaum und macht die hierarchischen Unterschiede zwischen ihm und dem neuen Liftboy in Sprache und Verhalten deutlich. Bei dem Verhör, das sich an Robinsons Auftritt im Hotel entzündet, zeigt er seine aufbrausende und herrische Seite. Der Oberköchin gegenüber verhält er sich dagegen höflich und fast sanft. Ähnlich wie Karls Onkel ist auch der Oberkellner richtende Instanz mit der Macht, Karl zu verstoßen, was er auch tut.

■ Richtende Instanz: Oberkellner

Feodor: Der Oberportier ist die zweite richtende und verdammende Instanz im Hotel Occidental. Er sieht sich von Karl nicht genügend respektiert und behandelt ihn ähnlich ungerecht wie der Oberkellner. Überhaupt wirkt er ein wenig wie eine Dopplung seines Kollegen.

■ Richtende Instanz: Oberportier

Allerdings neigt er in erheblichem Ausmaß zu seelischer und körperlicher Gewalt gegen Karl. Er beschuldigt ihn, ohne Genaueres zu wissen, verschiedener Verfehlungen. Seine Übergriffe bei der Durchsuchung Karls nehmen geradezu sadistische Züge an. Er ist letztlich der Grund für Karls Flucht aus dem Hotel.

Giacomo: Der Liftjunge ist ein Kollege Karls im Hotel Occidental. Er ist im Hotel offenbar nicht sehr erfolgreich und muss, als Karl ihn kennenlernt, den Zimmermädchen bei ihrer Arbeit assistieren, was er als Demütigung empfindet. Er wird als »scheu und eilig« (S. 129) beschrieben. Obwohl er als Liftjunge nicht erfolgreich ist, wird er dazu bestimmt, Karl in die Pflichten und Tätigkeiten seiner neuen Stelle einzuweisen. Karl begegnet Giacomo später noch einmal, als er sich um Aufnahme beim Theater von Oklahama bemüht. Das letzte Textfragment des Romans sieht die beiden, erneut Kollegen, wie sie im Zug durch die weite amerikanische Landschaft fahren. Hier wirkt Giacomo wie ein jüngerer Bruder, um den sich Karl kümmert. Im Gegensatz zu Karl kann er sich noch am Ende des Fragments nur schlecht ausdrücken, sein Englisch ist »nicht jedem verständlich« (S. 292). Er ist überhaupt auf dessen Hilfe angewiesen. Karl scheint hier einmal im Vergleich mit einem anderen Menschen erfolgreich zu sein.

Brunelda: Brunelda ist eine ehemalige Sängerin, die mit Delamarche und Robinson zusammenlebt. Mehrfach wird ihre große Korpulenz betont. Sie war früher Sängerin, lebt zum Zeitpunkt ihres Eintrittes in die Romanhandlung aber von Geld, das sie von ihrem geschiedenen Mann, einem Kakaofabrikanten, hat, der sie immer noch reich beschenkt. Später zieht sie mit Delamarche, mit dem sie ein Verhältnis hat, und Robinson, der die beiden bedient, in eine ärmliche »Vorstadtwohnung« (S. 215). Sie ist die dritte der Frauengestalten in dem Romanfragment und neben Karl die einzige Figur des Romans, deren kontinuierlicher Niedergang ausführlich beschrieben wird. Anzeichen des Abstiegs sind ihre zunehmende Korpulenz und Unbeweglichkeit, aber auch die rapide Verarmung, die sie am Ende vermutlich dazu bringt, Arbeit in einem Bordell anzunehmen. Beherrscht ist sie von Unzufriedenheit und Verzweiflung über ihre Situation. Ihrer Umgebung begegnet sie dominant und zumeist unfreundlich.

Josef Mendel: Karl Roßmann wird in der Wohnung Robinsons und Delamarches quasi gefangen gehalten. Eines Nachts lernt er von Balkon zu Balkon den Bewohner der Nachbarwohnung kennen, den Studenten Josef Mendel. Dieser arbeitet tagsüber in einem Kaufhaus, um nachts zu studieren. Ursprünglich habe er ausschließlich studiert, sei aber dabei »fast verhungert« (S. 241). Nun hat er eine Stelle als Verkäufer und hält sich mit schwarzem Kaffee wach. Er interessiert sich für Karls Schicksal, rät ihm aber, trotz seiner quälenden Situation und unwürdigen Behandlung, bei Brunelda zu bleiben. Seinem Nachbarn gegenüber ist er freundlich und hilfsbereit, nennt Brunelda »Madame« und Karl »junger Mann«. Ähnlich wie Karl hat es Josef Mendel im Leben schwer. Anders als dieser nimmt er sein Schicksal aber selbst in die Hand und bewältigt es, wenn auch unter Mühen. Am Ende hilft er Karl, Brunelda die Treppen des Mietshauses hinunter in einen Handwagen zu schaffen.

Fanny: Fanny ist eine Freundin Karls, von der im Verlauf des Romans vorher nicht die Rede gewesen ist, die aber im zweiten Fragment (»Karl sah an einer Straßenecke …«, S. 274) eingeführt wird, als sei schon von ihr die Rede gewesen. Sie ist nur in diesem Oklahama-Kapitel präsent. Als Karl ihr begegnet, trägt sie ein Engelskostüm und ist beim Theater angestellt.

In der Menge der Charaktere lassen sich Gruppen ausmachen, deren Zugehörigen ähnliche Funktionen zukommen. So gibt es die Gruppe der richtenden und strafenden Figuren, zu denen Karls Vater, der Onkel, aber auch der Oberkellner und der Oberportier des Hotels Occidental gehören.

■ Die Figuren in Bezug auf Karl

    Die für Karl Roßmann bedeutsamen Frauenfiguren bilden eine weitere Gruppe. Sie beginnt mit Karls Mutter, es folgen Klara Pollunder, Grete Mitzelbach und Therese Berchtold.

    In einer weiteren Gruppe finden sich Figuren, die eine gewisse Ähnlichkeit oder Parallelität mit Karl Roßmann auszeichnet. Sie weisen in der Regel mar

■ Parallelfiguren zu Karl

kierte Ähnlichkeiten, aber auch entschiedene Kontraste zu dem Protagonisten oder seiner Geschichte auf. Ein Beispiel ist bereits der Heizer, der wie Karl unter ungerechter Behandlung leidet und einer feindlichen Welt ausgeliefert ist. Der junge Herr Mack befindet sich in einer ähnlichen Situation wie Karl, weil auch er über seine Familie definiert und privilegiert ist. Im Gegensatz zu diesem scheint er aber vom Glück begünstigt zu sein und sich um nichts wirklich zu bemühen. Delamarche und Robinson werden von Karl als Abbilder dessen angesehen, was aus ihm werden könnte, wenn er sich nicht genug um beruflichen Erfolg bemüht: »Immer schwebte ihm der Gedanke daran vor Augen, es könne schließlich mit ihm, wenn er nicht fleißig sei, so weit kommen wie mit Delamarche und Robinson.« (S. 129) Josef Mendel ist eine weitere Parallelfigur zu Karl. Er befindet sich, ähnlich wie Karl, in einer bemitleidenswerten Situation. Er hat allerdings einen Plan zur Verbesserung seines Lebens, dem er unbeirrbar folgt. Eine letzte Parallelfigur ist Giacomo, der Liftjunge aus dem Hotel Occidental. Ihm begegnet Karl bei der Anwerbung durch das Theater von Oklahama wieder, wo sie beschließen, »immer beisammen zu bleiben« (S. 289). Tatsächlich treten sie die Reise nach Oklahama gemeinsam an. Es zeigt sich aber, dass Karl dem eher kindlich beschriebenen Giacomo einiges voraushat. So ist er als »technischer Arbeiter« (S. 286) angestellt, Giacomo nur als Liftjunge. Auch muss Karl für Giacomo übersetzen, der sich nur unbeholfen auf Englisch ausdrücken kann. Bei allen Ähnlichkeiten und Zugehörigkeiten muss berücksichtigt werden, dass die jeweiligen Gestalten nicht notwendig ähnlich oder zugehörig sind, sondern möglicherweise nur von Karl so wahrgenommen werden.

4. Form und literarische Technik

Der Verschollene ist Kafkas erstes Romanprojekt, das im Manuskript erhalten ist, und damit sein frühester längerer Text. Dass Romane formal und technisch andere Anforderungen stellen als Kurzprosa, war Kafka sehr bewusst, das zeigt sich auch und besonders im Falle des *Verschollenen*. Während er das erste Kapitel zur separaten Veröffentlichung freigab, wie viele andere kürzere Erzählungen auch, konnte er sich zum Abschluss des Romanprojektes im Laufe seines Lebens nicht entschließen, weil er es als nicht gelungen und als eigentlich nicht beendbar einschätzte. Keiner der drei begonnenen Romane wurde bis ans Ende geführt, alle sind Fragment geblieben und wurden erst postum veröffentlicht: *Der Process* 1925, *Das Schloss* 1926, *Der Verschollene* 1927 (unter dem Titel *Amerika*). So wie *Der Verschollene* heute vorliegt, ist das gewissermaßen ausfransende Ende auf den ersten Blick sein offensichtlichstes Formmerkmal, auch wenn der Roman nicht als Fragment konzipiert wurde. Seit der Erstveröffentlichung des Romanfragments im Jahr 1927 ist über das vermutliche Ende viel vermutet worden. Noch auffälliger als das Fragmenthafte sind im *Verschollenen* aber einige Besonderheiten auf sprachlicher und formaler Ebene, die freilich im Zusammenhang mit inhaltlichen Merkmalen stehen. In der Folge seien einige dieser Merkmale des Kafka'schen Schreibens, so wie es im *Verschollenen* sichtbar wird, kurz charakterisiert. Sie

■ Das Romanfragment

44

sind für die Erschließung des Werkes von Bedeutung.

Franz Kafka ist sprachlich durch einen besonderen familiären und zeitgeschichtlichen Hintergrund geprägt. Er gehörte einer innerhalb der tschechischen Sprachlandschaft bis 1945 stabilen deutschsprachigen Bevölkerungsminderheit in Prag an, innerhalb dieser zur Gruppe derer, die das so genannte Prager Deutsch sprachen. Dieses unterscheidet sich durch seine relative Nähe zum Schriftdeutschen von den sonstigen im historischen Böhmen gesprochenen deutschen Dialekten und war relativ frei von regionalen Färbungen. Außerdem waren jüdische Sprachgewohnheiten in der Familie Kafka noch aus der Großelterngeneration vorhanden. Das Jiddische allerdings wurde wohl kaum gesprochen und, besonders von Kafkas Vater, auch nicht sehr geschätzt. Auf der Straße und im elterlichen Geschäft wurde auch Tschechisch gesprochen. Von Franz Kafka selbst sind, anders als von seinem Freund Max Brod, keine Sprachaufnahmen erhalten, aus denen man hätte einen Eindruck von Kafkas Sprechweise gewinnen können. Von Brod dagegen, wie von anderen Zeitzeugen, lassen sich im Internet Hörbeispiele finden, die einen Eindruck des Prager Deutsch zu Kafkas Zeit geben. Freunde Kafkas haben berichtet, er habe Deutsch mit tschechischem Akzent gesprochen. In der sprachlichen Fassung von Kafkas Werken finden sich keine oder nur sehr vereinzelt Regionalismen, sein Stil wirkt regionalsprachlich neutral, abgesehen von eini-

■ Kafkas Sprachen

gen Wendungen, die allgemein habsburgisch anmuten, wie zum Beispiel ›trotzdem‹ an der Stelle von ›obwohl‹. Ein bei anderen Autoren dieser Zeit auftretender Metaphernreichtum ist bei Kafka nicht zu bemerken. Die Nüchternheit seines Schreibens erinnert eher an den Charakter von Schriftstücken, die er im Rahmen seiner beruflichen Tätigkeit als Jurist verfasst hat. Dabei wirkt im *Verschollenen* der sprachliche Nachvollzug von Karls Erleben und Denken nie distanziert, im Gegenteil. Das erzählerische Interesse bleibt stets beim Protagonisten, die Beschreibungen stets nähesprachlich. Auf die besondere Erzählweise, die dafür verantwortlich ist, sei kurz eingegangen.

■ Nüchterner Schreibstil

Immer wieder wird in Bezug auf Kafkas Erzählen vom »einsinnigen Erzählen« gesprochen. Dieser Terminus wurde von dem Germanisten Friedrich Beißner in seinem Vortrag *Der Erzähler Franz Kafka* aus dem Jahr 1951 geprägt und hat in der Folge die Kafka-Forschung stark beeinflusst. Mit »einsinnig« ist dort gemeint, dass das Erzählen streng monoperspektivisch verläuft. Alles sei »von Karl Roßmann gesehen und empfunden«. Dem Prinzip des einsinnigen Erzählens wird im entsprechenden Abschnitt des 6. Kapitels »Interpretationsansätze« intensiver nachgegangen. An dieser Stelle seien vor allem charakteristische Phänomene angeführt, die den *Verlorenen* auszeichnen. Es fällt nämlich auf, dass einzelne Passagen des Romans die Einsinnigkeit zu durchbrechen scheinen. So wird die Geschichte von

■ Das einsinnige Erzählen

seinem Zusammentreffen mit Johanna Brummer, dem Dienstmädchen, das von Karl schwanger geworden ist, keineswegs nur monoperspektivisch erzählt. Einen Teil der Geschichte berichtet Karls Onkel, der in seinem Bericht zusätzlich zu seiner Sichtweise Johannas Perspektive in ihrem Brief, den er bei sich trägt, anbietet. Der Student Josef Mendel erzählt seine Geschichte selbst, sie ist in seiner direkten Rede wiedergegeben. Andere Nebenhandlungen, zum Beispiel die Lebensgeschichte der Therese Berchtold, sind wieder offensichtlich in Karls vermittelnder Wahrnehmung dargestellt. In jedem Fall aber ist alles, auch die Erzählungen der anderen, durch Karls Perspektive vermittelt. Insgesamt ist also die Einsinnigkeit absolut, andere Perspektiven als die Karls werden in Personenreden sichtbar und sind Erscheinungen, denen Karl ausgesetzt ist und die er verarbeitet. Deutlich wird dies immer dann, wenn sich an eine Erzählung oder auch nur eine Äußerung unmittelbar Karls Nachdenken über das Gehörte anschließt. Dieses Nachdenken ist ebenso als Ereignis in der Zeit niedergelegt wie äußere Ereignisse auch. Daher widersprechen die Einsprengsel fremden Sprechens am Ende nicht dem einsinnigen Erzählen. Es wird nämlich das wiedergegeben, was Karl beeindruckt, was ihm im Moment des Erlebens als Wortlaut oder als Inhalt Eindruck macht. Diese Einsinnigkeit zeichnet sich einerseits durch die Begrenztheit der Perspektive aus, andererseits durch die Nähe des Erzählens zum Erleben. Das bedeutet, dass, selbst wenn im *Verschollenen* bisweilen auf sogar komische Weise Karls Naivität sichtbar wird, im Erzählen nie ironische Distanz entsteht. Das Erzählen bleibt beim Protagonisten und stellt damit gewissermaßen das Gegenteil eines allwissenden Erzählens dar. Distanz entsteht allenfalls beim Leser, der zum Beispiel Komik in Karls Denken oder Handeln entdeckt.

In der Erzähltechnik zeigt sich weiterhin, teils stilistisch, teils perspektivisch, eine von Kafkas großen Leidenschaften, der Film. Kafka war begeisterter Kinogänger. In seinen Tagebüchern finden sich zahlreiche Spuren dieser Leidenschaft, ebenso in vielen Briefen. Manches aus der neuen Kunstform hat auf verschiedenen Ebenen Einfluss auf Kafkas Schreiben genommen. Dabei geht es weniger um Übernahmen von Bildern oder Texten, auffällig sind nicht so sehr regelrechte Filmzitate, sondern vielmehr Verwandtschaften in der Machart. Ziel ist im Weiteren also nicht so sehr, die Entdeckung filmischer Quellen für den *Verschollenen* dingfest zu machen, als das Filmische in dem Roman sichtbar werden zu lassen. In der Forschung ist der letzte Roman Kafkas, *Das Schloss*, häufiger mit dem Film in Verbindung gebracht worden als *Der Verschollene*. Hier hat man sogar einen Film identifiziert, der eine motivische und formale Verwandtschaft zu dem *Schloss* aufweist, es handelt sich um Friedrich Wilhelm Murnaus *Nosferatu* aus dem Jahr 1921. Aber auch *Der Verschollene* weist formale und motivische Anklänge an den frühen Kunstfilm auf.

■ Kafkas filmisches Erzählen

Um das spezifisch Filmische in Kafkas Roman auf-
zuspüren, ist es sinnvoll, sich den Stand der Filmkunst in einem kurzen Überblick bewusst zu machen.
Welche Filme sind vor oder während der Arbeit am
Verschollenen entstanden, die Kafka gekannt haben
könnte?

In Europa beginnt das Kino 1895, in Deutschland
mit den Brüdern Skladanowsky, in Frankreich mit den
Brüdern Lumière. Zunächst sind die gezeigten Filme
kurz und inhaltlich recht anspruchslos. Schnell entwickelt sich aber die Literaturverfilmung als Weg zu einer originären Filmkunst. So gibt es von den Lumières
bereits 1896 einen *Faust*, der allerdings eher das literarische Werk illustriert, als dass er selbst eine Geschichte erzählte. In der Folge wird in dieser Weise viel Literatur filmisch umgesetzt, Victor Hugo und Émile Zola
sind besonders prominent unter den verfilmten Autoren. Ohne Kenntnis der literarischen Werke sind die
sie illustrierenden Filme allerdings nur schwer zu verstehen. 1913 entstand mit dem *Student von Prag* ein
Film, der heute vielfach als erster Kunstfilm im eigentlichen Sinne angesehen wird. Mehrere Einstellungen
wurden übrigens in Prag gedreht. Es ist durchaus
denkbar, dass Kafka die eine oder andere Szene vor
Ort hat entstehen sehen. Sicher ist, dass er von der
neuen Kunstform sehr beeindruckt war, das zeigen
zahlreiche Tagebucheinträge, vor allem aus der Zeit, in
der *Der Verschollene* entstanden ist.

Der Verschollene weist verschiedene Passagen auf,
in denen Filmisches sichtbar wird. Eine derartige Sze-

■ Die An-
fänge des
Films in
Europa

49

■ Filmisches im *Verschollenen*

ne findet sich schon im zweiten Kapitel. Karl steht auf seinem Balkon im Hause seines Onkels und blickt auf den dichten Verkehr in den Straßen unter ihm herab (S. 39/40). Der hier geschilderte Verkehr wirkt eher wie ein leicht unscharf rasendes Fließband als wie einzeln sich bewegende Fahrzeuge. Solche Einstellungen finden sich häufig im frühen Film, insbesondere, wenn der Eindruck von Großstadt erzeugt werden soll. Ein weiterer Fall findet sich in der Schilderung von Karls Flucht vor der Polizei im Abschnitt »Es musste wohl eine entlegene …« (S. 189 ff.). Hier finden sich in der Beschreibung der Flucht (S. 197–199) Elemente, die nicht nur filmisch anmuten, sie erinnern geradezu an filmischen Slapstick. Karl hält sich beim Davonlaufen in der Mitte einer breiten Straße und biegt, als er die Verfolger in einer engeren Gasse abschütteln will, »auf einem Fuß sich schwenkend rechtwinklig« (S. 198) in die neue Richtung ab. Derlei Bewegungen sind aus den frühesten Chaplin-Filmen vielfach vertraut. Während die erste angeführte Szene eher eine bestimmte Kameraeinstellung aufgreift, handelt es sich im zweiten Fall um ein filmisches Motiv, fast um ein Zitat. Allerdings findet sich auch hier kein Verweis auf einen bestimmten Film, sondern ein für Filme der Zeit typisches Element. Damit sind lediglich inhaltliche Details beschrieben, nicht aber eigentlich eine Technik, die sich im Literarischen niederschlagen könnte. Die finden sich eher im Perspektivischen sowie in einer in manchen Szenen auffallenden Hektik der Bewegungen.

Auffallend ist der Unterschied zwischen dem Filmischen, das im *Verschollenen* auf verschiedenen Ebenen auftaucht, und der Fotografie, die mehrfach erwähnt wird und sich im Wesentlichen an einem Objekt festmacht, dem Bild von Karls Eltern, das er im nächtlichen Hotelzimmer im vierten Kapitel, »Der Marsch nach Ramses«, betrachtet. Die Beschreibung dieses Bildes, und darin liegt ihre Bedeutung für das Kapitel »Form und literarische Technik«, weicht signifikant vom filmischen Beschreiben ab, indem ihr alles Unruhige fehlt, was den Roman an anderen Stellen prägt. Karl versenkt sich geradezu in das Bild und ist bemüht, die Stimmung seiner Eltern aus dem Bild herauszulesen, was ihm nur bei der Mutter zu gelingen scheint. Der Vater will auch »durch verschiedene Kerzenstellungen« (S. 94) nicht »lebendiger« (S. 94) werden. Eine ähnliche Ruhe strahlen auch die Fotos im Zimmer der Oberköchin im Hotel Occidental aus (S. 124). Sowohl das Starre der künstlich arrangierten Fotografie als auch das Hektische des frühen Films finden sich also stilistisch im *Verschollenen*.

■ Fotografien

Insgesamt lässt sich der besondere Stil des *Verschollenen* aber nur schwer fassen. Auffällige Effekte oder gar Manierismen werden vermieden, zeittypische oder regionale Besonderheiten im Stil fallen kaum auf.[4] *Der Verschollene* erscheint sprachlich gewissermaßen überzeitlich und fast heimatlos. Verweise auf

■ Neutralität als Besonderheit

4 Allerdings wurde bereits auf verschiedene Wendungen im Roman hingewiesen, die Spuren des besonderen »Prager

andere Werke oder Stilzitate finden sich ebenfalls kaum. Weitgehend Einigkeit herrscht in der Literatur zu Kafka immerhin darüber, dass Kafka zur Moderne gehöre. Aber auch diese Einordnung leistet nicht viel, weil die Bezeichnung keine allzu präzisen Stilmerkmale beinhaltet. Allenfalls lässt sich festhalten, dass in der Moderne als literarischer Epoche wichtige Veränderungen der Zeit sich niederschlagen. Die Welt erscheint nicht mehr als in sich geschlossener, stimmiger Organismus, sondern eher fragmentiert. Dieses Charakteristikum der Moderne lässt sich in den Werken Kafkas zweifellos wiederfinden, insbesondere im *Verschollenen*. Die Brüchigkeit der beobachteten und der beschriebenen Welt hängt unter anderem mit Forschern und Denkern der Zeit zusammen. Sigmund Freud mit den von ihm ausgelösten Erschütterungen kann hier als Beispiel genannt werden.[5] Als stilistische Besonderheit bei Autoren und Werken der Moderne wird außerdem gern eine gewisse Eigenwilligkeit angeführt, die aus dem Verlust vieler Sicherheiten und der Abwesenheit eines verlässlichen und einigenden Epochenrahmens resultiert. Auch hier wird man bei Kafka schnell fündig. Seine Werke sind nicht zuletzt in ihrer sprachlichen Form und literarischen Technik ausgesprochen charakteristisch und ei-

■ Autor der Moderne

Deutsch« darstellen. Diese sind allerdings zu beiläufig und zu selten, um den Roman zu prägen.

5 Freud selbst spricht von den drei narzisstischen Kränkungen der Menschheit, die durch Kopernikus, Darwin und die Entdeckung des Unbewussten ausgelöst worden seien.

genständig. Kafka hat sich als Autor relativ früh in der Moderne eine Sonderstellung erworben. Dies gilt nicht zuletzt auch für seinen Stil, der von Kennern seines Werkes gerne als »vorbildlos«[6] und damit als im Wortsinn einzigartig bezeichnet wird.

6 So zum Beispiel Reiner Stach, *Kafka. Die Jahre der Erkenntnis*, Frankfurt a. M. 2008, S. 200.

5. Quellen und Kontexte

Der Verschollene ist bei aller Eigenständigkeit nicht aus dem Nichts heraus entstanden. Eine Reihe von Quellen und Einflüssen können benannt werden. Aus Kafkas Lektüreerfahrungen oder seinem Leben sind etwa Prätexte verschiedener Art bekannt, deren Verbindung zum *Verschollenen* oft nachgewiesen wurde. Das bedeutet aber in der Regel nur, dass Spuren oder Inhalte aus einer wie immer gearteten Quelle im Roman wiedergefunden wurden. Darüber hinausgehende Einflüsse, wie etwa ein übergreifendes Vorbild, sind nicht wahrzunehmen. In der Folge sollen einige Quellen und Hinweise auf biographische oder zeitgeschichtliche Zusammenhänge aufgezeigt werden, nicht um die Originalität von Kafkas Romanfragment zu schmälern, sondern um das spezifisch Neue und Schöpferische an seiner Gestaltung auszumachen.

Biographische Einflüsse

Erste Einflüsse auf das Werk ergeben sich aus Kafkas Familie und ihrer Geschichte. So sind zwei seiner Vettern nach Amerika ausgewandert und waren dort wirtschaftlich ausgesprochen erfolgreich, was in der Familie sehr wahrscheinlich Gesprächsthema gewesen ist. Beide verweisen damit als Vorbild eher auf Karl Roßmanns Onkel als auf den Protagonisten selbst. Ein weiterer Vetter, Franz Kafka, erinnert schon eher an den Protagonisten des Romans und

■ Auswanderer in der Familie

durch den Namen ebenso an den Autor. Er wanderte im Alter von 16 Jahren nach Amerika aus und arbeitete im Unternehmen seines älteren Bruders und unter dessen Schutz. In diesem Zusammentreffen von Förderndem und Gefördertem scheint ebenfalls ein Modell für die Beziehung von Karl und seinem Onkel im Roman zu liegen. Insgesamt war in der Familie Kafka Amerika als Land, in das man auswandern kann, präsent. Auch die Anwesenheit richtender Vaterfiguren im *Verschollenen* zeigt Verbindungen zu Kafkas Leben. Die lebenslange Auseinandersetzung des Autors mit seinem Vater hat Spuren in vielen seiner Werke hinterlassen. Im Zentrum steht dabei sicherlich der Brief an den Vater von 1919, eher ein literarisch gestalteter Text als eine persönliche, an eine reale Person gerichtete Nachricht. Der Konflikt mit dem Vater, die Angst vor ihm und traumatische Kindheitserinnerungen sind in den *Brief* unvermittelter eingegangen, aber auch *Der Verschollene* zeigt deutliche Spuren. Die Beziehung Kafkas zu seinem Vater muss also auch genannt werden, wenn es um die Quellen des Romans aus dem Leben des Autors geht.

■ *Der Brief an den Vater*

Sachtexte

1912 erschien der Reisebericht *Amerika heute und morgen* von Arthur Holitscher, einem Reiseschriftsteller aus Ungarn, erstmals als Buch, vorher bereits in Fortsetzungen in der *Neuen Rundschau*, die Kafka abonniert hatte. Dieses Werk, das Kafka in der Aufla-

■ Holitscher und Soukup

ge von 1913 besaß, diente ihm nachweislich als Informationsquelle über Topographie und Arbeitsabläufe in Amerika. Als Beleg für die Verwendung der Reportage wird häufig die Übernahme einer falschen Schreibweise angeführt. In einer Bildunterschrift nämlich steht bei Holitscher »Oklahama« als Bezeichnung für einen Bundesstaat. Diese Schreibung findet sich auch im *Verschollenen*. Die Übereinstimmung der Schreibweisen wird häufig als Beleg dafür angesehen, dass Kafka Holitschers Werk als Quelle benutzt habe. Wahrscheinlich sind auch die Reiseberichte des Pragers František Soukup eine mögliche Quelle. Zumindest besuchte Kafka 1912 seinen Vortrag »Amerika und seine Beamtenschaft«. Beide Autoren und ihre Texte sind als Informationsquellen sicher anzunehmen.

Literarische Leseerfahrungen Kafkas

■ *David Copperfield*

Franz Kafka hat vermutlich 1911, also recht kurze Zeit vor seiner Arbeit am *Verschollenen*, den Roman *David Copperfield* von Charles Dickens (1812–1870) gelesen, der ihn nachhaltig beeindruckt hat. Am 8. Oktober 1917 notiert er rückblickend in seinem Tagebuch, er habe bei der Arbeit an seinem ersten Roman vorgehabt, »einen Dickensroman zu schreiben«.[7] Es handelt sich bei *Copperfield* also um einen Text, der von Kafka selbst als Quelle, ebenso aber auch als schriftstelleri-

---

7 Kafka, *Tagebücher* (s. Anm. 2).

sches Ziel bezeichnet worden ist. Allerdings bleibt die Art des Einflusses auf den *Verschollenen* unklar. Kafkas Zusatz, er habe die Vorlage »bereichert um die schärferen Lichter, die [er] der Zeit entnommen und die mattern«, die er aus sich selbst genommen habe, weisen nicht auf sicher zu bezeichnende Aspekte. Zwar gibt es vereinzelt inhaltliche Parallelen zwischen den beiden Romanen, es dominieren aber die Unterschiede. Vergleicht man indes die beiden Protagonisten miteinander, nicht in Bezug auf ihre Biographie oder äußerliche Merkmale, sondern auf die Haltung hin gesehen, die sie gegenüber ihrem Schicksal und der Welt einnehmen, so fallen Übereinstimmungen auf. Beide sehen sich von Anfang an einer undurchschaubaren Welt gegenüber, die sie immer wieder mit Schicksalsschlägen überrascht. Um eine »Dickens-Nachahmung«, wie Kafka in seinem Tagebucheintrag vom 8. Oktober 1917 vermerkt,[8] handelt es sich zwar sicher nicht, gerade in der Haltung der Protagonisten der Welt gegenüber findet sich aber immerhin Verwandtschaft. Das Erzählen ist in beiden Fällen auf die Perspektive einer Person beschränkt, bei Dickens findet sich aber statt der Einsinnigkeit, wie sie bei Kafka herrscht, der reflektierend zurückschauende Blick des gealterten Protagonisten, was im Vergleich zu einer gewissen Verklärung durch das Wissen um den guten Ausgang führt. Beiden Werken ist ein »filmisches Erzählen« bescheinigt worden, so

8 Kafka, *Tagebücher* (s. Anm. 2).

dass auch auf der stilistischen Ebene Verwandtschaft besteht, obwohl Dickens freilich von dem Medium Film mit seinen bewegten Bildern noch keine Kenntnis hatte. Bestimmt handelt es sich bei *David Copperfield* um einen Roman, der Kafka sehr beeindruckt und in Grenzen auch beeinflusst hat. Der Begriff der Nachahmung allerdings darf nicht zu wörtlich genommen werden.

Ein weiterer Autor, den Kafka sehr schätzte, ist Franz Grillparzer (1791–1872). In dessen Werk findet sich ein Karl Roßmann recht ähnlicher Protagonist, der Musikant Jakob in der Künstlernovelle *Der arme Spielmann*. Die Verwandtschaft der beiden Figuren besteht im Wesentlichen darin, dass sie sich beide in der Welt nicht zurechtfinden und ihr mehr oder weniger hilf- und ratlos gegenüberstehen. Außerdem werden sie beide von ihrem Vater geringgeschätzt und enttäuschen ihn. Ansonsten unterscheiden sich die Figuren in ihrer Darstellung sehr. Jakob ist alt und berichtet in der Rückschau von seinem Leben, Karl Roßmann dagegen wird vom Erzählgang im momentanen Erleben begleitet. Beiden ist gemeinsam, dass sie, im Grunde von der Vergeblichkeit ihres Tuns mehr und mehr überzeugt, beharrlich weiter versuchen, in der Welt Fuß zu fassen. Dass Jakob am Ende der Novelle zu Tode kommt, ist nach allem, was über Kafkas Pläne bekannt ist, kein Unterschied zum Schicksal Karl Roßmanns. Kafka liebte Grillparzers Novelle sehr und las seiner Schwester Ottla daraus vor, auch sandte er das Buch an seine Freundin Milena

Der arme Spielmann

Jesenská. Unsicher ist, ob Kafka im zeitlichen Umfeld des *Verschollenen* auch Joseph von Eichendorffs Novelle *Aus dem Leben eines Taugenichts* rezipiert hat. Dort findet sich ein auf ähnliche Weise in der unverständlichen Welt umherirrender Protagonist, dem aber ein, wenn auch genauso uneinsichtiges, so doch glücklicheres Schicksal zugestanden wird. Inhaltliche und erzählerische Parallelen reichen allerdings so weit, dass sich eine vergleichende Lektüre durchaus lohnt.

■ *Aus dem Leben eines Taugenichts*

Schließlich ist noch Robert Walser (1878–1956) als Impulsgeber zu nennen. Kafka liebte die Werke des Schweizer Autors sehr und las gern aus den Romanen vor, wie Max Brod berichtet. Unter Walsers Protagonisten finden sich einige, die durchaus zu Seelenverwandten von Kafkas Karl Roßmann und Grillparzers armem Spielmann taugen. Insbesondere Jakob von Gunten aus dem gleichnamigen Roman aus dem Jahr 1909 weist Ähnlichkeiten auf. Er erlebt in einer Dienerschule Dinge, die Karl Roßmann in seiner Zeit als Liftjunge so oder so ähnlich auch zustoßen. *Jakob von Gunten* ist darüber hinaus als Roman einer verhinderten Entwicklung bezeichnet worden, dies liegt auch in Bezug auf den *Verschollenen* nahe, auch wenn hier die Bezeichnung des negativen Entwicklungsromans treffender wäre.

■ *Jakob von Gunten*

Neben den bisher genannten finden sich in der Lesebiographie Kafkas viele weitere Namen von Autoren aus der Literatur, aber auch aus der Philosophie und der Psychologie. Arthur Schopenhauer und Sören

■ Philosophen und Psychologen

Kierkegaard gehören mit Sicherheit zu den Ideenge-
bern, die Kafkas Blick auf die Welt und die Gestaltung
der Welten in seinen Werken beeinflusst haben. Mit
der Psychologie hat sich Kafka bereits im Studium intensiv befasst. Sigmund Freuds Positionen waren
ihm, soweit sie ihm zugänglich waren, bekannt. »Ge-
danken an Freud natürlich«, notiert er am 23. September 1912 im Tagebuch,[9] allerdings in Bezug auf *Das
Urteil*, immerhin aber im direkten zeitlichen Umfeld
zur Entstehung des *Verschollenen*. Die gedankliche
Welt der Moderne stellt also auf verschiedenen Ebenen einen bedeutenden Kontext zum *Verschollenen*
dar und muss als Hintergrund bei der Erschließung
des Romans berücksichtigt werden.

Der zeitgenössische Film

Als dritter Quellenbereich muss der Film gelten, der
in der Zeit, in der *Der Verschollene* entstand, einen
starken Aufschwung nahm und von Kafka intensiv
rezipiert wurde. Aufzeichnungen dazu finden sich,
zum Beispiel in den Tagebüchern, besonders in den
Jahren 1910 bis 1913. Allerdings sind hier weniger konkrete Filme als eher das Filmische allgemein als Quelle anzusehen. Einige Szenen aus dem *Verschollenen*
scheinen geradezu slapstickhafte Passagen aus dem
frühen Stummfilm nachzuerzählen, ohne dass auf ein
spezifisches Werk gezielt würde. Der Kapitel 4 »Form

9 Kafka, *Tagebücher* (s. Anm. 2).

und literarische Technik« geht näher auf das Filmische im *Verschollenen* ein.

Die Vielfalt der Einflüsse

Insgesamt lassen sich vielfältige Quellen für den *Verschollenen* ausmachen. Wort- und Bildspender waren vor allem Anekdoten aus dem Leben der Familie Kafka, Sachbücher und literarische Texte. Spuren hinterlassen haben neben diesen drei Bereichen auch Filme, die Kafka gesehen hat. Sie sind aber schwerer zuzuordnen. Entscheidend für die Bewertung der Quellen ist aber vor allem die Frage, auf welche Weise Kafka diese genutzt hat. Übernommen wird oft eher eine Machart, ein Wie, als eine konkrete Sache oder eine Geschichte, also ein Was. Keineswegs sollte man davon ausgehen, dass Kafka alles, was er aus anderen Texten entnommen und verwendet hat, für mit der Realität übereinstimmend angesehen hat. Häufig haben Übernahmen von Namen oder Ereignissen eher Materialcharakter. Das heißt, er hat aus einzelnen Elementen aus verschiedenen Quellen etwas Eigenständiges geformt. Ein amerikanischer Bundesstaat mit dem Namen »Oklahama« heißt im Roman so, muss aber nicht auf das Oklahoma in der zeitgenössischen Realität verweisen. Eine Brücke, die New York mit Boston verbindet, steht im Widerspruch zu geographischen Gegebenheiten in der Wirklichkeit, nicht aber notwendigerweise mit dem Universum des *Verschollenen*. Wenn die Darstellung im *Verschollenen*

■ Bewertung der Quellen

■ Eigenständigkeit des Werkes

von der zeitgenössischen Wirklichkeit abweicht, ist nicht automatisch von Informationsdefiziten Kafkas auszugehen. Untersuchungen, die inhaltliche Fehler auflisten, greifen zu kurz, auch und gerade im Fall von Sachtexten, die Kafka rezipiert hat. Verwandtschaft auf der Handlungsebene findet sich allenfalls zwischen dem *Verschollenen* und den genannten erzählenden Werken, hier besonders in Bezug auf die jeweiligen Protagonisten. Kafkas Karl Roßmann und Dickens' David Copperfield, Eichendorffs Taugenichts und Grillparzers armer Spielmann leben in einer Welt, die ihnen eher zustößt, als dass sie sie gestalteten oder eroberten. Damit weisen sie sich als untereinander Verwandte aus. Insgesamt zeigen die Vielzahl und die Vielfalt an Quellen, die für den *Verschollenen* erkennbar sind, die Nähe des Werkes zu Kafkas Leben und zu seinen Leseerfahrungen. Ein wie immer geartetes Abbildungs- oder Nachbildungsvorhaben lässt sich allerdings kaum je erkennen. Bei aller Klarheit, mit der sich Spuren von Inspirationsquellen und Erfahrungen aufspüren lassen, zeichnet sich Kafkas Werk durch eine ungeheure Eigenständigkeit aus.

6. Interpretationsansätze

Kafkas Werke widersetzen sich beharrlich der einen letztgültigen Deutung. Bis heute provozieren sie mit unveränderter Intensität zur Interpretation. Es gehört fast zum guten Ton innerhalb der Sekundärliteratur, sich dafür zu entschuldigen, dass man den vielen Ideen und Ansätzen zur Erschließung einen weiteren hinzufügt. Interessant an der Zahl und der Vielfalt der zumeist plausiblen Deutungen einzelner Texte ist vor allem, dass Kafkas Werk so viele unterschiedliche Erschließungsansätze aushält, ohne auch nur im Mindesten ausgeschöpft zu sein. Die folgende Auseinandersetzung mit verschiedenen Deutungsansätzen des *Verschollenen* verfolgt nicht das Ziel, Vielfalt in Eindeutigkeit zu überführen. Es sollen vielmehr Zugänge zur Erschließung des Romans vorgestellt werden, die sich auf fruchtbare Weise weiter verfolgen lassen und die weitgehend ohne umfangreiche Zusatzmaterialien und Sekundärliteratur auskommen. Sie nehmen verschiedene Phänomene formaler oder inhaltlicher Art in den Blick und untersuchen sie auf ihren Deutungswert. Das bedeutet im Wesentlichen, dass untersuchte Phänomene nicht nur in ihrer Erscheinungsform beschrieben und etwa auf Quellen zurückbezogen werden, sondern auch auf ihre Funktion im Werk hin befragt werden. Die Reihenfolge der behandelten Ansätze entspricht keiner verständnislogischen Abfolge. Auch soll keiner der Zugänge als der plausibelste herausgestellt werden. Immer wieder

■ Vielfalt der Interpretationsansätze

greifen auch verschiedene Zugänge ineinander oder ergänzen einander. Letztlich handelt es sich bei diesem Kapitel um eine Einladung zum deutenden Ernstnehmen des großen Romans.

Kafkaesk

Bereits im Jahr 1939 taucht der Begriff »kafkaesk« im allgemeinen Sprachgebrauch auf. Im deutschen Duden findet er sich 1973 zum ersten Mal. Zunächst bezeichnete der Begriff literarische Erscheinungen, die an das Werk Franz Kafkas erinnern, also im Sinne von ›so, wie es auch bei Kafka gefunden werden kann‹. Es konnten stilistische wie inhaltliche Besonderheiten gemeint sein. Später wird der Begriff auch außerliterarisch verwendet und bezieht sich hier besonders auf Gegebenheiten, die unverständlich, absurd und auch bedrohlich erscheinen. Wenn die Urheber von Umständen, unter denen man leidet und die Angst einflößen, nicht erkennbar sind und im Dunkeln bleiben, wird die Situation häufig kafkaesk genannt. Diese Wortbedeutung lehnt sich an Situationen im Werk Kafkas an, denen die Protagonisten sich häufig ausgesetzt sehen. Da findet sich ein Mann morgens beim Aufwachen in ein riesiges Insekt verwandelt. In einem anderen Fall wird jemand, ebenfalls morgens nach dem Aufwachen, verhaftet und schließlich hingerichtet, ohne dass er je erfährt, was ihm vorgeworfen wird. In diesen wie in vielen weiteren Fällen zeigt sich die Welt wie ein Rätsel, das ohne Auflösung

■ Begriffs-
geschichte

bleibt, feindlich, ohne dass ein Grund dafür sichtbar würde. Obwohl der Protagonist die Situation aus seiner Sicht erlebt, wird nie die Option angeboten, dass die Perspektive des Betrachters an der Undurchschaubarkeit der Welt schuld ist. Die im Wortsinne kafkaeske Welt ist in sich unstimmig, im groß angelegten Roman wie in der kurzen Parabel. Ein Musterbeispiel für die Verfasstheit einer solchen Welt bietet der kurze Text *Vor dem Gesetz*, wo ein Mensch vor einer Tür auf Einlass wartet, bis ihm, am Ende eines im Warten verbrachten Lebens, vom Türhüter erklärt wird: »dieser Eingang war nur für dich bestimmt. Ich gehe jetzt und schließe ihn.«

In jedem Fall ist die Verfasstheit der Welt, der der Protagonist ausgesetzt ist, lohnendes Untersuchungsobjekt. Im Fall des *Verschollenen* gilt das in besonderem Maße. Karl Roßmann ist auf einen fremden Kontinent geworfen, und dem Zurechtfinden und Fußfassen in der neuen Welt gilt seine beständige Mühe. Die Misserfolge stellen sich in der Regel ohne sein Zutun ein. Dass er am Ende von der völlig undurchschaubaren Leitung des Theaters von Oklahama eingestellt wird, ist übrigens genauso unverständlich. Eine Spur, der man auf der Suche nach einer Deutung folgen kann, besteht in der Aufmerksamkeit für Orientierungsversuche Karl Roßmanns in Amerika und die Varianten seines Scheiterns. Beides findet sich auf der Handlungsebene und ist leicht auszumachen. Erkenntnisfördernde Fragen sind die nach Gründen für Ereignisse und Verhaltensweisen. Wo diese explizit

■ Karl Roß-
manns Welt

nicht zu finden sind, liegt Kafkaeskes nahe. Mit Karls gesellschaftlichem Abstieg ändern sich auch seine Versuche, Fuß zu fassen. Zusätzlich von Bedeutung sind Hinweise auf Widersprüchlichkeit im Gefüge der erlebten Welt.

In der Literatur ist die Situation eines Individuums, das sich einer undurchschaubaren Umgebung ausgesetzt sieht, bereits lange vor Kafka etabliert, wenngleich mit je unterschiedlicher Schwerpunktsetzung. Besonders im Werk Kafkas ist, dass keine Erklärung für die Widersprüche, keine Lösung für die Rätsel angeboten wird.[10]

Die Schauplätze der Handlung

Auch wenn Max Brods Entscheidung, Kafkas ersten Roman mit dem Titel *Amerika* zu versehen, inzwischen revidiert worden ist, so ist diese Setzung weiterhin nicht unplausibel. Die Handlung spielt ja in Amerika, auch wenn das Amerika des Romans nicht in allen Aspekten den Vereinigten Staaten in den Jahren vor dem Ersten Weltkrieg entspricht. Allerdings entspricht er in vielem dem Bild, das sich Einwohner Europas zu Kafkas Zeit von der Industrienation USA machten. Einiges hebt bereits Wilhelm Emrich hervor, einer der ersten großen Kafka-Forscher nach dem Zweiten Weltkrieg: »Der Roman gehört zu den hellsichtigsten dichterischen Enthüllungen der modernen

---

10 Vgl. zu vergleichbaren Werken vor Kafka auch den Abschnitt »Vergleich mit Prätexten« dieses Kapitels.

Abb. 2: Straße in New York um 1910. – © Granger Historical Picture Archive / Alamy Stock Foto

Industriegesellschaft, die die Weltliteratur kennt«.[11] Das Gigantische, Hierarchische und Verwirrende der amerikanischen Arbeitswelt findet sich auch in den Reiseberichten von Holitscher und Soukup,[12] die Kafka rezipiert hat. Der Begriff der »dichterischen Enthüllung«, den Emrich gebraucht, ist in doppelter Weise bezeichnend. Das Amerika, durch das Karl Roßmann treibt, ist ein dichterisches Amerika, eher eine

■ Dichterisches Land Amerika

11 Wilhelm Emrich, *Franz Kafka. Das Baugesetz seiner Dichtung. Der mündige Mensch jenseits von Nihilismus und Tradition*, Bonn / Frankfurt a. M. 1958, S. 227.
12 Vgl. hierzu 5. Kapitel »Quellen und Kontexte«.

Konstruktion als ein reales Land. Ähnlich wie die Großstadtlyrik der Jahrhundertwende und des Expressionismus in Deutschland das Verlorengehen des Menschen in einem riesenhaften Organismus beschreibt, werden im *Verschollenen* immer wieder Situationen evoziert, in denen der einzelne Mensch im Gewimmel untergeht, sei das im Straßenverkehr von New York, im Telegraphensaal bei Karls Onkel oder im Hotel Occidental. So ist das Amerika, um das es im *Verschollenen* immer auch geht, durch Übertreibung verzerrt, im Großen wie im Kleinen[13]. Es ist aber auch, das ist in der Folge zu zeigen, ein fragmentiertes Land, in dem einzelne Schauplätze für sich stehen.

■ Isolierte Orte

Die Schauplätze des Romans sind untereinander kaum miteinander verbunden. Sie existieren als isolierte Orte, die eher in sich geschlossene Welten als Teile einer Gesamtheit sind. Den Übergängen oder zurückgelegten Wegen eignet Unschärfe. Die Gesamtheit der beschriebenen Welt ist kein Kontinuum, sie erscheint in Karls Erleben ebenso wie im Erzählen fragmentiert. Dass zwischen Karls Heimat Prag und Amerika keine echte Verbindung besteht, leuchtet noch unmittelbar ein. Allerdings wird auch über die räumliche Entfernung hinaus die Verbindungslosigkeit vielfach betont: Der Roman setzt mit der Ankunft im Hafen von New York ein, Europa existiert vom ersten Satz an nur noch in der Erinnerung und im Plusquamperfekt. Karls Onkel betont die nicht be-

13 Vgl. hierzu auch den Abschnitt »Komik« dieses Kapitels.

stehende Verbindung zu Karls Eltern, von denen er
über Jahre hinweg nur zwei Bittbriefe erhalten habe.

Die Isoliertheit der Schauplätze untereinander kor-
respondiert mit der wenig ausgeprägten Verbindung
der Handlungsabschnitte zueinander. Dazu passt,
dass viele der handelnden Figuren nur an einzelnen
oder wenigen Orten vorkommen, an diesen aber zentrale Bedeutung haben. Wichtig zu betonen ist, dass
die beschriebene Fragmenthaftigkeit der Schauplätze
wie der einzelnen Handlungsabschnitte nicht mit der
Unvollständigkeit des Werkes erklärt werden kann.
Beispielhaft zeigt sich das am ersten Kapitel, das so
sehr für sich steht, dass es separat veröffentlicht wurde, aber gewiss nicht als unfertig angesehen werden
darf.

■ Isolierte
Handlungs-
abschnitte

Insgesamt kann ein Deutungsansatz des Romans
darin bestehen, dass man ihn, ausgehend von der In-
selhaftigkeit der Orte und Handlungsabschnitte, weniger als Kontinuum denn als Reihe von Momentaufnahmen begreift. Diese Sichtweise hat neben der
Plausibilität freilich auch ihre Grenzen, indem manche Figuren, zum Beispiel Delamarche und Robinson,
durchaus an verschiedenen Orten vorkommen und
dadurch verschiedene Kapitel zusammenspannen.
Auch werden Verbindungen durch Erwähnungen ge-
spannt, zum Beispiel durch die der Fotografie von
Karls Eltern, die wiederholt thematisiert wird. Ansonsten aber wirkt die Fragmenthaftigkeit auf verschiedenen Ebenen geradezu wie ein Strukturprin-
zip, wie ein Verstehensansatz, den der Roman anbie-

tet. Ausgehend von diesem Ansatz präsentiert sich der Roman nicht in erster Linie als kontinuierlich erzählte Geschichte, sondern als eine Reihe von separaten Blicken auf denselben Gegenstand, die dennoch, durch Personen oder durch Themen, zusammenhängen.

Die skizzierte innere Struktur des Romans gibt es bereits vor Kafka hier und da. Ein besonders einleuchtendes Beispiel ist die Novelle *Das Marmorbild* von Joseph von Eichendorff, wo Orte und Schauplätze in expliziter Unverbundenheit existieren. Das wird dadurch deutlich, dass immer wieder betont wird, wie der Protagonist Florio nicht wisse, auf welche Weise er an einen neuen Ort gelangt ist. Eichendorffs Taugenichts erzeugt eine ähnliche Fragmentierung, indem er den Weg zwischen Schauplätzen fast ausnahmslos verschläft. Im 20. Jahrhundert charakterisiert Arno Schmidt in seinem Roman *Aus dem Leben eines Fauns* den fehlenden Zusammenhang erlebter Situationen miteinander aus der Sicht seines Protagonisten als eine allgemeinmenschliche Erfahrung: »*Mein Leben?!: ist kein Kontinuum!* [...] ein Tablett voller glänzender snapshots«.[14]

Eine Untersuchung der Schauplätze des *Verschollenen* interessiert sich für das dargestellte Universum und dessen Untergliederung. Die Frage, was das für eine Welt ist, in der Karl Roßmann sich bewegt, ist

■ Parallelen in der Literatur

---

14 Arno Schmidt, *Aus dem Leben eines Fauns*, in: Arno Schmidt, *Werke. Bargfelder Ausgabe I/1.2*, Zürich 1986, S. 301.

ausgesprochen fruchtbar für die Erschließung des Romans.

Verurteilung und Bestrafung

Das erste Kapitel des *Verschollenen*, »Der Heizer«, sollte ursprünglich mit dem *Urteil* und der *Verwandlung* in einem Band mit dem Titel *Söhne* herausgegeben werden. Dazu kam es nicht. Doch in dem Plan, gerade diese drei Texte zusammen zu veröffentlichen, zeigt sich ein zentraler Aspekt des Romans. Es geht in den drei Erzählungen jeweils um einen Sohn, der von seiner Familie oder seinem Vater verurteilt und verstoßen wird. Karl Roßmann betritt die Bühne des Romangeschehens sozusagen schon als Verurteilter und Verstoßener und steht damit in einer Reihe Kafka'scher Figuren.

■ Verurteilung und Verstoßung bei Kafka

In den Verurteilungen, denen Karl Roßmann im Verlauf seiner Erlebnisse unterworfen wird, liegt in allen Fällen ein Element der Ungerechtigkeit. Hierin unterscheidet sich Karl Roßmann wesentlich von Josef K., dem Protagonisten des auf den *Verschollenen* folgenden Romans, *Der Process*. Dieser lebt im Schatten einer ihm nicht einsichtigen Schuld. Im Gegensatz dazu steht Karl Roßmann. In der Beziehung zu dem Dienstmädchen in der Heimat war er, zumindest in seiner Erinnerung, eher passiv. Vom Onkel wird er verstoßen, obwohl er ohne eigenes Verschulden dessen Unwillen erregt hat. Auch im Hotel Occidental wird er entlassen und ausgestoßen, obwohl ihn an

■ Motiv der Ungerechtigkeit

dem durch Robinson angerichteten Schaden keine Schuld trifft. Die Kette von Verurteilungen führt zu einem stufenweisen gesellschaftlichen Abstieg. Andererseits wiederholt sich in ihnen ein Grundthema Kafka'schen Schreibens. Auch im zweiten, berühmteren Roman Kafkas, dem *Process*, ist der Protagonist mächtigen Instanzen machtlos ausgeliefert.

Aber nicht nur Karl ist ungerechten Richtern und vernichtenden Urteilen ausgeliefert. Bereits im ersten Kapitel begegnet Karl dem Heizer, der sich ebenfalls ungerecht behandelt fühlt. Ähnlich wie Karl später bemüht er sich um sein Recht und scheitert. Auffällig ist, wie schnell Karl sich dem Heizer zugehörig fühlt, wie unbeirrt er dessen Partei ergreift und wie schwer es ihm fällt, sich über den Abschied von dem neugewonnenen Gefährten zu trösten. Die sich zwischen den beiden Figuren ergebende Vertrautheit ist weder aus einer gemeinsamen Vergangenheit noch durch äußere oder innere Ähnlichkeit zu begründen. Gemeinsam ist ihnen lediglich das beschriebene Ausgeliefertsein. Insofern ist der Heizer von Karls Art. Die späteren Bekannten oder Kollegen Karls sind hingegen Teil der Welt, der er ausgeliefert ist. Sein Vater, der Onkel, der Oberkellner und der Oberportier im Hotel Occidental und in Ansätzen auch Brunelda bilden eine Reihe von Urteilenden und Verdammenden. Stets folgen auf das Bemühen Karls, sich einen Platz zu schaffen, nach einiger Zeit Beschuldigung, Urteil und Verstoßung. Es bietet sich an, den Roman unter dem Aspekt »Verurteilung und Bestrafung« nach Hin-

■ Urteilende und Verdammende

weisen auf das Verhalten der verschiedenen Richterfi-
guren und nach Erscheinungsformen von Karls Un-
schuld zu durchsuchen. Das Erkenntnisinteresse geht
in die Richtung der Zusammenhänge zwischen beiden Bereichen.

Für die Fokussierung auf den Aspekt »Verurteilung
und Bestrafung« bietet sich begleitend zur Textunter-
suchung die Lektüre von Kafkas *Brief an den Vater* an.
Dieser Text arbeitet Kafkas Beziehung zu seinem Vater auf und ist für die Untersuchung von Karl Roßmanns Erlebnissen in Amerika sehr erhellend.

■ *Brief an den Vater*

Der Verschollene als Stufenroman

Es fällt schnell auf, dass sich *Der Verschollene* als die
Geschichte eines gesellschaftlichen Abstiegs lesen
lässt. Auch wenn Karl Roßmann die Bühne als ein Ver-
bannter betritt, ist sein Start in die Neue Welt, bedingt
durch die Unterstützung seines Onkels, gesellschaftlich privilegiert. Zunächst wird er auf einen begünstig-
ten Platz in der Gesellschaft vorbereitet. Der Um-
schwung, der sich bereits im zweiten Kapitel andeutet,
kommt dennoch für Karl unerwartet am Ende des dritten Kapitels durch den von Green übergebenen Brief.
Auf die Verbannung durch den Onkel folgt die neue
Existenz im Hotel Occidental, die wiederum mit einer
Verbannung endet. Auf diese folgt ein weiterer sozialer
Abstieg hin zu einer sklavenähnlichen Existenz in Bruneldas Haushalt. Die Stufenhaftigkeit der verschiedenen Stationen zeigt sich zum Beispiel auch darin, dass

■ Gesell-
schaft-
licher
Abstieg

Die Grade der Fertigstellung der einzelnen Abschnitte¹	Der Heizer: veröffentlicht	Kapitel II bis VI: fertiggestellt und in der Reihenfolge festgelegt	Abschnitte [VII] und [VIII]: vollständige Kapitel, nicht eigentlich nummeriert	Bruneldas Ausreise: Dieses Fragment gehört noch zum Brunelda-Komplex, ist aber ein Bruchstück.	Fragmente um das »Theater«: Mit diesen Fragmenten endet das Romanfragment.
Die Räume	Vor Amerika: das Schiff	New York	Das Hotel Occidental	In Bruneldas Wohnung	Auf dem Weg zum Theater
Stufen²	Karl als Passagier auf einem Ozeandampfer	Karl bei seinem Onkel und den Pollunders	Karl als Hotelangestellter	Karl als Gefangener und Sklave	Karl auf dem Weg in eine ungewisse Zukunft

1 Diese Gliederung stützt sich nicht in erster Linie auf textinterne Strukturen, sondern auf die Überlieferungsgestalt. Sie ist gleichwohl nützlich, um einen Überblick über das Werk zu bekommen, der Unterschiede im Bearbeitungszustand der Werkteile berücksichtigt.

2 Es kann bei der Lektüre der Eindruck eines stetigen Abstiegs entstehen, den Karl im Laufe des Romans durchläuft. Der Aufbruch zum »Theater« aber bestätigt diese Kontinuität aber nicht eindeutig. Auch stellt die Aufnahme bei Karls Onkel zu Beginn des Romans kaum einen Abstieg nach der Schiffsreise dar. Als Stufen aber lassen sich die einzelnen Abschnitte auf jeden Fall lesen.

Abb. 3: Die Struktur des Romans. Es sind mehrere Phasierungen denkbar. In der Folge werden einige beispielhaft vorgestellt. Die skizzierten Phasierungen sind eigenständig, nicht aber

die sorgfältig beschriebene Habe Karls von Stufe zu Stufe abnimmt. Er verliert Gegenstände und Geld, auch Kleidung, bis er fast völlig mittellos dasteht. Wenn er am Ende des Romanfragments zusammen mit vielen anderen den Zug zum »Theater von Oklahama« besteigt, wird explizit vermerkt, dass keiner von ihnen Gepäck dabei hat. Sie sind alle Gescheiterte.

Eine weitere Figur, an der sich stufenweises Absteigen in der sozialen Hierarchie zeigt, ist die Sängerin Brunelda. Sie betritt die Bühne als ehemalige Sängerin. Ihre Erfolge liegen bereits hinter ihr. Ihren Lebensunterhalt bestreitet sie durch Zuwendungen ihres ehemaligen Ehemannes, der sie noch immer unterstützt. ihr körperlicher Verfall findet mehrfach Erwähnung, am Ende wird sie, die niemandem mehr befehlen kann, mit einem Handwagen in ein Bordell geschafft.

■ Bruneldas Abstieg

In der Summe ist der Abstieg des Karl Roßmann von großer Konsequenz. Von seinem Beginn im Hause seines Onkels an geht es auf verschiedenen Ebenen bergab, ohne dass es Karl gelänge, die Richtung der Bewegung zu ändern. Ein sehr kurzer Text Kafkas über eine Maus, die *Kleine Fabel*, fasst die Dynamik des Zulaufens auf das tragische Ende in schnörkelloser Nacktheit. Deutlich wird hier vor allem die Unausweichbarkeit. Diese ist für die Situation der Maus unmittelbar einsichtig. Entsprechend den Stufen im

■ *Kleine Fabel*

voneinander unabhängig. Sie stellen im günstigsten Falle Orientierungshilfen dar. Weitere Gliederungen sind denkbar und resultieren aus Interpretationsansätzen.

Verschollenen laufen bei ihr die begrenzenden Mauern aufeinander zu und dulden kein Entkommen.

Nicht eindeutig ist im Zusammenhang mit der Stufenfolge abwärts die Aufgabe der letzten Station, des Naturtheaters. Die erhaltenen Teile des Romans brechen ab, bevor das Theater erreicht wird. Zunächst entsteht der Eindruck einer Rettung. Karls Einstellung vollzieht sich eigentümlich problemlos, obwohl er keinerlei Ausweise oder Belege vorweisen kann und über keinerlei Ausbildung verfügt. Offenbar bekommt jeder eine Anstellung, der danach fragt. Alle Stellensuchenden besteigen anschließend einen Zug, dessen Ziel nicht klar benannt wird. Es ist nicht einmal zweifelsfrei sicher, ob es das Theater überhaupt gibt und wie die Reise enden wird. Dass die Massen an Menschen, die eingestellt werden, am Ende in einem Zirkus Arbeit finden werden, ist wenig wahrscheinlich. Misstrauen an den Versprechungen der Einstellungsagenten ist angebracht, und das Schicksal der Reisenden, insbesondere Karl Roßmanns, gibt zu Befürchtungen Anlass. Dass der letzte Abschnitt des Romans einen weiteren Schritt abwärts bedeutet, die Stufenfolge des Romans also ihre Richtung beibehält, ist plausibel.

■ Das »Theater« als Umkehr?

Bildungs- oder Entwicklungsroman

Spätestens seit Goethes Roman *Wilhelm Meisters Lehrjahre* von 1795/96 ist als Untergattung des Entwicklungsromans der Bildungsroman in der Literaturgeschichte präsent. In der Sache beginnt die Gat-

■ Die Gattung des Bildungsromans

tung bereits mit Wielands *Geschichte des Agathon*, der Begriff taucht um 1820 auf. Was sowohl den Entwicklungs- als auch den Bildungsroman ausmacht, ist die im Zentrum stehende Entwicklung einer Hauptfigur, meist einer jungen. Beschrieben wird der Entwicklungsgang, den der Protagonist nimmt, typisch ist das Gefühl eines Widerspruchs oder Konflikts, das er zumindest anfangs erlebt. Dieser Konflikt ist Motor einer persönlichen Entwicklung, die im günstigsten Fall zu einem Ausgleich zwischen Ich und Umwelt führt. Im ungünstigen Falle, wenn also die Entwicklung oder die Bildungsbemühungen nicht zu einem positiven Ergebnis führen, spricht man von einem negativen Bildungsroman. Ein frühes Beispiel für diese Gattung ist der *Anton Reiser* (1785–1790) von Karl Philipp Moritz, der neben dieser Tradition auch die des psychologischen Romans begründet. In der Zeit, in der Kafka am *Verschollenen* arbeitet, ist immer noch die um die Jahrhundertwende in den Fokus von Kunst und Literatur gerückte Adoleszenz vielfach Thema von Romanen. Hermann Hesses *Demian* von 1919 ist ein prominentes Beispiel. Bereits 1906 erscheint Robert Musils Roman *Die Verwirrungen des Zöglings Törless*. Auch *David Copperfield* von Charles Dickens, den Kafka wahrscheinlich 1911, also kurz vor seiner Arbeit am *Verschollenen* gelesen hat, ist auf seine Art mindestens ein Entwicklungs-, wenn nicht ein Bildungsroman.

Einiges im *Verschollenen* lässt eine Nähe des Romans zu der geschilderten Tradition vermuten. Der junge Karl Roßmann, der sich einer neuen Welt ausgesetzt sieht, in sie geradezu geworfen ist, ist ein plausibler Vertreter der Protagonisten in der Tradition des Entwicklungsromans. Dass das gesamte Werk seine Wahrnehmung und sein Denken wiedergibt, ist ein weiteres Merkmal. Doch macht er eine Entwicklung durch? Ist der Karl Roßmann, der aus der Gefangenschaft bei Delamarche und Robinson auszieht, wirklich ein anderer als der, der mit dem Schiff in New York ankommt? Der Nachweis einer eingetretenen Reifung fällt schwer. Noch beim Eintreffen beim »große[n] Theater von Oklahoma« (S. 271) wirkt Karl ebenso naiv wie im Hafen von New York, er erscheint nicht gereift oder entwickelt. *Der Verschollene* wirkt gerade durch die Anklänge an andere Entwicklungsromane wie ein Gegenmodell zu dem klassischen Vorbild. Ganz ohne Einfluss bleiben Karls Erfahrungen allerdings nicht. Sein Verständnis des Werbeplakats für das »Theater in Oklahoma« zeigt die bis hierhin gesammelten Erfahrungen. Er erwartet nicht, dass die Versprechungen des Plakats alle zutreffen. Das Theater »wollte Leute aufnehmen, das war genügend« (S. 272). Allerdings zeigen sich in dieser Szene lediglich Karls Erwartungen reduziert, Welt- und Menschenkenntnis haben sich nicht entwickelt. Er bleibt noch in der letzten überlieferten Textpassage, in der Eisenbahnfahrt, ein staunendes Kind.

Ein weiteres Merkmal des Bildungs- oder Entwicklungsromans ist die Existenz von Helferfiguren. Für Wilhelm Meister, den Modellprotagonisten des klas-

■ *Der Verschollene* als Entwicklungsroman?

■ Helferfiguren

sischen Bildungsromans, sind das Lothario, der Abbé, die »schöne Seele« und viele Personen mehr, die Wilhelm auf seiner Reise begegnen und ihm Entwicklungsimpulse geben. Sie helfen ihm letztlich dabei, mehr von sich und seiner Umgebung zu verstehen. Karl Roßmann begegnet ebenfalls zahlreichen Menschen, von denen ihn einige sehr beeindrucken. Impulse allerdings sind kaum wahrzunehmen, und wenn, dann folgenlose. So gibt ihm bereits der Heizer, seine erste Bekanntschaft von Bedeutung, einzelne Ratschläge. Karl behandelt diese mit Skepsis und gibt seinerseits Ratschläge, ohne viel von des Heizers Situation zu wissen. Als die beiden einander aus den Augen verlieren, hat sich für Karl nichts geändert. Er ist zwar unglücklich über die Trennung, scheint aber den Heizer schnell zu vergessen. Später übernimmt Karls Onkel die Position des Ratgebers und Lenkers. Er erweist sich als großzügig und sehr an Karls Entwicklung interessiert, allerdings lässt er Karl über seine Pläne im Dunkeln, vor allem aber reagiert er empfindlich schon auf Spuren von Eigenständigkeit bei seinem Neffen. Eine wichtige Helferfigur ist außerdem Grete Mitzelbach, die Oberköchin im Hotel Occidental. Am Anfang der Bekanntschaft steht eine eindeutige Unterstützung Karls. Dieser bekommt durch sie eine Unterkunft und eine berufliche Chance. Auch später hilft sie ihm. In der entscheidenden Auseinandersetzung mit dem Portier aber zeigt sich ihre Macht- und Einflusslosigkeit, sie erscheint geradezu rat- und hilflos. Insgesamt sind im *Verschollenen*

Helferfiguren nicht einfach zu finden, sie treten auf und helfen im entscheidenden Moment eben nicht, entweder aus Unwillen oder aus Unvermögen. Damit ist *Der Verschollene* nicht nur kein Bildungs- oder Entwicklungsroman, er verweigert die Zugehörigkeit zur Gattung gewissermaßen explizit. Schon deshalb lohnt es sich, ihn unter dem Blickwinkel dieser Gattung zu lesen und sich mit der ausbleibenden Entwicklung Karls zu beschäftigen.

Der Verschollene oder *Amerika*

■ Titel und
Thema

Die Frage nach dem Titel eines Werkes ist immer auch die Frage nach dem zentralen Thema. Die Tatsache, dass das Manuskript von Kafkas erstem Romanfragment ohne Titel überliefert ist, verweigert ein Stück Deutungssicherheit und eröffnet gleichzeitig interpretatorischen Freiraum. In einer sehr berühmt gewordenen Rezension aus dem Jahr 1929 nennt Kurt Tucholsky *Den Verschollenen* ein »Amerika-Buch […], das eigentlich gar keines ist und doch eines ist«.[15] Er spricht damit eine Frage an, die von Anfang an die Rezeption des *Verschollenen* begleitet hat, die Frage danach, worum es in dem Roman eigentlich geht, wo sein thematisches Zentrum anzusiedeln ist. Der von Max Brod nach Kafkas Tod gesetzte Titel *Amerika* suggeriert landes-

---

15 Kurt Tucholsky, *Auf dem Nachttisch*, in: *Weltbühne* vom 26. Februar 1929; außerdem in: Kurt Tucholsky, *Gesammelte Werke in zehn Bänden*, hrsg. von Mary Gerold-Tucholsky und Fritz J. Raddatz, Bd. 7, Reinbek b. Hamburg 1975, S. 44.

kundlichen oder sozialen Realismus. Es ist durchaus denkbar, dass Brod mit seiner Titelgebung von einem starken Interesse des zeitgenössischen Publikums an Amerika profitieren wollte. Der heute gebräuchliche Titel *Der Verschollene* legt das Gewicht auf andere Aspekte, ist allerdings ebenfalls postum gewählt, immerhin hat ihn Kafka aber selbst in einem Brief an Felice Bauer genannt. Als literarisch überformte Darstellung eines real existierenden Landes im aktuellen Zustand eignet sich der Roman sicher kaum. Zu viele sachliche Fehler fallen auf und dürften auch Lesern ab 1927 aufgefallen sein. Nicht allein, dass die Freiheitsstatue im Roman statt der Fackel ein Schwert trägt, auch manche geographische Gegebenheiten werden unzutreffend wiedergegeben. Gerade solche Fehler sind aber auch besonders erhellend. Kafka wurde nämlich im Mai 1913 von einem Rezensenten des *Heizers* auf den sachlichen Fehler hingewiesen, behielt die bemängelte Formulierung aber in der nächsten Auflage bei.[16] Man muss davon ausgehen, dass zumindest dieser Widerspruch zur Realität in Amerika beabsichtigt oder zumindest in Kauf genommen wurde. Andere Diskrepanzen, wie topographische Unstimmigkeiten oder falsche Schreibungen wie zum Beispiel »Oklahama«, finden sich im zu Lebzeiten nicht veröffentlichten Manuskript. Hier ist eine Absichtlichkeit der Abweichung weniger leicht plausibel zu machen. Für den Moment ist wichtig festzuhalten, dass sich im *Verschollenen* die topographi-

■ Sachliche Fehler

16 Vgl. Mark Harman, »Wie Kafka sich Amerika vorstellte«, in: *Sinn und Form* 6 (2008) S. 796.

schen Unstimmigkeiten häufen. Ebenso häufen sich in der wissenschaftlichen Literatur Darstellungen, die daraus schließen, Kafka habe sich eben nicht besser ausgekannt. Die Abweichungen seien unabsichtliche Fehlleistungen, die Max Brod in seiner postumen Ausgabe stillschweigend berichtigt habe. Als Beispiel für diese Linie in der Kafka-Forschung sei an dieser Stelle der Aufsatz »Wie Kafka sich Amerika vorstellte« von Mark Harman aus dem Jahr 2008 angeführt, in dem Kafkas »Detailgenauigkeit«, gleichzeitig aber seine »inkonsequente Schreibung von New York« betont wird.[17] Harman, der den Roman neu ins amerikanische Englisch übertragen hat, betont, er habe sich bei seiner Übersetzungsarbeit nach der kritischen Ausgabe des *Verschollenen* gerichtet, »aber einiges stillschweigend korrigiert«.[18] Dieses Verfahren, an dem vor allem das »stillschweigend« problematisch ist, weil es den Nachvollzug der Änderungen nicht zulässt, birgt in sich eine Grundannahme, die nicht von vornherein falsch sein muss, die aber zumindest offengelegt werden muss: Kafka habe eigentlich die orthographische und topographische Übereinstimmung zwischen dem realen Amerika und dem in seinem Roman angestrebt. Gegen diese Annahme spricht aber der erwähnte Umstand, dass in Rezensionen zur separaten Veröffentlichung des *Heizers* von 1913 auf die falsche Darstellung der

■ Sind die Fehler Irrtümer?

17 Harman, »Wie Kafka sich Amerika vorstellte« (s. Anm. 16), S. 804.
18 Harman, »Wie Kafka sich Amerika vorstellte« (s. Anm. 16), S. 804.

Freiheitsstatue hingewiesen wurde, Kafka für die zweite Auflage aber keine Änderung vornahm. Dieses Detail der Werkgeschichte bedeutet nun nicht notwendig, dass alle Eigentümlichkeiten der Schreibung, zumal in einem unvollendeten Manuskript, so und nicht anders beabsichtigt sind, die Möglichkeit aber, dass eine solche Häufung von Eigentümlichkeiten eine Bedeutung haben könnte, darf nicht ohne weiteres verworfen werden.

Der heute gebräuchliche Titel *Der Verschollene* legt den Fokus auf den Protagonisten Karl Roßmann. Außerdem legt er die Blickrichtung auf ihn fest. Wenn Karl Roßmann »verschollen« ist, so ist er nicht mehr greifbar. Ganz sicher ist sein Schicksal besiegelt, er ist ausgelöscht, beziehungsweise der Welt abhandengekommen. Somit definiert in diesem Fall der Titel das Romanende, auf das auch Kafka selbst im Tagebuch hingewiesen hat: Karl Roßmann werde in dem Roman »strafweise umgebracht«.[19] Verschollen ist Karl Roßmann am Ende auch in einem zweiten Sinne, in dem ursprünglichen Sinn des Wortes ›verschollen‹, das von ›schallen‹ herkommt. Er wäre sozusagen eine Stimme, die sich verloren hat, und dies schon zu Beginn des Romans.

In den zwei gängigen Titeln, die beide nicht von Kafka gesetzt wurden, liegen nach dem Bisherigen zwei Grundverständnisse des Romans. Liegt hier ein Werk über den Protagonisten Karl Roßmann oder ei-

■ Was heißt »verschollen«?

■ Titel als Deutungsansätze

19 Kafka, *Tagebücher* (s. Anm. 2), 30. September 1915.

nes über die ihn umgebende Welt vor? Beide Sicht-
weisen sind fruchtbar bei der Erschließung des Werks
und weisen lediglich auf unterschiedliche Gewich-
tungen bei der Deutung hin. Man kann nach den
Funktionsmechanismen fragen, die der rätselhaften
Welt zugrunde liegen, man kann aber auch nach der
Art und Weise fragen, in der sich Karl Roßmann
durch diese Welt bewegt. Das fremdartige und un-
überschaubare Amerika des Romans kann als Bild der
modernen Welt gelesen werden, wie es zu Beginn des
20. Jahrhunderts vielfältig Niederschlag in Literatur
und Kunst findet, zum Beispiel in Chaplins Film *Moderne Zeiten* von 1936. Es kann aber auch symbolhaft
für die Fremde an sich stehen. So können alle Abweichungen des geschilderten vom realen Amerika als
Hinweis darauf verstanden werden, dass hier nicht
einfach ein konkreter fremder Kontinent dargestellt
wird, sondern dass Karl Roßmann in die zur Gestalt
geronnene Fremde gerät. Die in der Forschung sorgfältig gesammelten Abweichungen des Kafka'schen
Amerika von der geographischen Realität seiner Zeit
wären keine Fehlleistungen, sondern Hinweise. Damit wäre auch erklärt, warum Kafka, der in seinen
Werken üblicherweise keine Ortsnamen verwendet
und Schauplätze im Diffusen belässt, hier plötzlich
konkrete Benennungen vornimmt, und diese auch
noch in Häufung fehlerhaft.

Der erste Satz

Spätestens seit Theodor Fontanes Diktum zum Romananfang, der bereits den Roman in sich enthalten müsse, ist die steuernde Bedeutung der ersten Seite oder gar des ersten Satzes germanistischer Konsens. In einem Brief an Gustav Karpeles schreibt er: »Das erste Kapitel ist immer die Hauptsache und in dem ersten Kapitel die erste Seite, beinah die erste Zeile.«[20] Auch im Werk Franz Kafkas lohnt sich dieser Fokus. »Jemand musste Josef K. verleumdet haben, […]«. Der erste Satz des Romanfragments *Der Process* ist einer der meistzitierten Kafkas. Seine vorausweisende Funktion ist oft betont worden. Ähnlich bedeutsam ist der erste Satz des *Verschollenen*. Handlungslogisch ist der Satz von Bedeutung, weil er die Begründung für die Reise und damit das eigentliche Geschehen des Romans liefert. Strukturell gibt er erste Hinweise, worum es in dem Roman geht: »Als der siebzehnjährige Karl Roßmann, der von seinen armen Eltern nach Amerika geschickt worden war, weil ihn ein Dienstmädchen verführt und ein Kind von ihm bekommen hatte« (S. 7), so beginnt der erste Satz und damit der Gang der Erzählung. Auffällig ist, dass der Protagonist des Romans von Anfang an als passiv charakterisiert ist. Weder seine Überfahrt nach Amerika noch die Schwangerschaft des Dienstmädchens schei-

■ Weichenstellungen im ersten Satz

---

20 Theodor Fontane, *Briefe*, Bd. 2: *Zweite Sammlung*, hrsg. von Otto Pniower und Paul Schlenther, Berlin ³1910, S. 17, Brief an Gustav Karpeles, 18. August 1880.

nen Folge seiner Entscheidungen gewesen zu sein. Außerdem beginnt auf diese Weise im ersten Satz eine der beherrschenden Motivreihen im *Verschollenen*, die von Verurteilung und Bestrafung. Denn Karl hat sich nicht selbst für eine Auswanderung entschieden, er ist verbannt worden. Beides weist in die gleiche Richtung. Entgegen vielen Auswanderererzählungen ist die Reise Karls nach Amerika nämlich nicht eigentlich etwas, das der Protagonist beschließt und unternimmt, sie stößt ihm eher zu, er erleidet sie. Dies sagt der erste Satz des Romans aus und dies beschreibt auch einen möglichen Deutungszugang zum *Verschollenen*. Versteht man Karls Erlebnisse in Amerika so, gewinnt manches eine besondere Qualität. Seine Verstoßung durch den Onkel, die Verurteilung durch den Oberkellner und den Oberportier im Hotel Occidental, auch die Misshandlungen durch Delamarche und Robinson in Bruneldas Wohnung, alles geschieht Karl, ohne dass er es selber verschuldet hätte. Alles bricht über ihn herein, sogar möglicherweise die Rettung, als er spät im Romanfragment das Plakat vom »Theater in Oklahoma« (S. 271) entdeckt und wider alle Vernunft eingestellt wird.

■ Motivreihe

Ebenfalls bereits im ersten Satz findet sich ein Hinweis auf das den Roman prägende Erzählverhalten. Karl sei »von seinen armen Eltern« nach Amerika geschickt worden, heißt es dort. In dem »armen« setzt sich der Text auf den ersten Blick vom ansonsten vorherrschenden personalen Erzählen ab. Die Bewertung der Eltern geschieht nicht in Karls Denken, son-

■ Erzählverhalten im ersten Satz

dern wird von einer sich hier auktorial gebenden Instanz vorgenommen, so scheint es. Auch plausibel ist es aber, in dem Epitheton einen Ausdruck von Karls schlechtem Gewissen zu sehen. Erzählerischen Besonderheiten im *Verschollenen* wird im Abschnitt »Das Erzählen« in diesem Kapitel näher nachgegangen.

Insgesamt gilt vom ersten Satz des *Verschollenen*, ■ Vorausweisungen
dass er auf mehrere der Zentralthemen des Romans vorausweist. Zum Erkennen der Vorausweisungen bedarf es der vorhergehenden Lektüre des gesamten Textes. Dann aber kann er geradezu als Wegweiser zur Erschließung und als Anlass für ein intensives Close Reading verwendet werden.

Schlüsselpassagen

Bestimmte Textabschnitte eignen sich besonders, charakteristische Eigenschaften des Romans herauszuarbeiten, sind also werktypisch. Andere wiederum zeigen sich, in sich selbst oder im Zusammenhang des Werkganzen, problematisch oder widersprüchlich. So ist die Passage, in der Karl durch das Wirtschafts- ■ Imperium des Onkels
imperium seines Onkels geführt wird, inhaltlich und stilistisch auffällig. Die Telegraphenabteilung ist von einer riesigen Menge an Bediensteten bevölkert, die wie Ameisen in einem großen Ameisenbau oder wie bewegliche Kleinteile einer großen Maschine wirken (S. 47 f.). Parallelen zu Chaplins Film *Moderne Zeiten* drängen sich auf, auch wenn Kafka diesen noch nicht

kennen konnte. Weniger aufdringlich, aber dem Prinzip nach gleich ist die entsprechende Abteilung im Hotel Occidental beschrieben. Im Grunde kommt es bereits beim ersten Blick von Karls Balkon im Hause seines Onkels zu einem ähnlichen Bild, als der von oben betrachtete Straßenverkehr in New York einen ähnlich atomisierten Eindruck macht. Deutlich später wird, von Bruneldas Balkon aus, eine Wahlkampfszene beobachtet, in der durch Karls Perspektive ein ähnliches Bild eines ameisenhaften Wimmelbildes entsteht. In allen genannten Passagen und einigen mehr richtet sich der Blick des Protagonisten, dessen Perspektive den gesamten Roman bestimmt, von außen auf ein nicht zu verstehendes Gewimmel. Diese Passagen können als werktypisch angesehen werden, weil sich in ihnen das Riesenhafte und Unübersichtliche zeigt, das dem Amerika des Romans eigen ist. In all diesen Szenen zeigt sich übrigens das kinematographische Erzählen Kafkas, für das der Roman verschiedene Beispiele liefert.[21]

■ Blick vom Balkon

Der Abschnitt über den »Saal der Telegraphen« (S. 47) eignet sich gut für eine Untersuchung im Close Reading. Er schildert in grotesker Überzeichnung im Detail ein riesenhaftes Unternehmen. Betont wird das scheinbare Durcheinander ebenso wie die mehrfache Ausführung jedes Arbeitsschrittes, »so dass Irrtümer möglichst ausgeschlossen waren« (S. 48). Auf der Darstellungsebene vereinigt die Passage visuelle

■ Saal der Telegraphen

21 Vgl. hierzu den Abschnitt »Das Erzählen« dieses Kapitels.

Eindrücke Karls einerseits mit offensichtlich vom
Onkel gegebenen Erklärungen andererseits, die in einem Gesamteindruck zusammenfließen. »Das Geschäft bestand nämlich« (S. 47) beginnt die Darstellung vor allem mit Hintergrundinformationen, die
Karl offensichtlich nicht besitzt. Dann wiederum
wird die Abteilung der Telegraphen mit dem »Telegra-
phenamt der Vaterstadt« (S. 47) verglichen, was offensichtlich Karls und nicht des Onkels Eindruck wiedergibt. Im Effekt entsteht allerdings nicht eine aus
zwei Perspektiven zusammengesetzte Darstellung, es
ist alles Karls Erleben, das sich aber aus Anschauen
und Zuhören ergibt. »Keiner grüßte, das Grüßen war
abgeschafft« (S. 48), zeigt Sehen und Erfahren in besonderer Engführung. Karl sieht, der Onkel erklärt.
So zeigt sich in dieser kurzen Passage auf der Darstellungsebene das einsinnige Erzählen in Karls Perspektive, die das Sehen genauso einschließt wie die aus
dem Hören entstehende Vorstellung; auf der Gegenstandsebene entsteht im ameisenhaften Gewimmel
des Telegraphensaals ein Abbild der undurchschaubaren amerikanischen Welt.

Eine weitere Schlüsselpassage findet sich im ersten
Kapitel. Karl Roßmann macht sich hier zum Anwalt ■ Karl als
des Heizers und kämpft für ihn, wenn auch am Ende Anwalt des
vergeblich, in der Kapitänskajüte. Angesichts des sehr Heizers
defensiven Verhaltens Karls im weiteren Verlauf des
Romans bedarf die Parteinahme im ersten Kapitel,
noch dazu für einen eigentlich Fremden, der Erklärung. Es handelt sich hier also um eine Passage, die

zum Rest des Romans im Widerspruch zu stehen scheint. Die Hartnäckigkeit, mit der Karl erst den Heizer zum Kampf auffordert und dann in der Konfrontation mit den Gegnern unterstützt, ist in späteren Situationen, in denen Karl ungerecht behandelt wird, nicht mehr zu beobachten. Die Widersprüchlichkeit wird verstärkt durch das abrupte Ende des Engagements für den Heizer am Ende des ersten Kapitels. »Es war wirklich als gebe es keinen Heizer mehr« (S. 38), wird Karls Empfinden beschrieben. »Im Hause des Onkels gewöhnte sich Karl bald an die neuen Verhältnisse« (S. 39) beginnt das zweite Kapitel. Vom Heizer ist nicht mehr die Rede.

Die Bedeutung der betrachteten Passage liegt nicht nur in der Darstellung des Engagements für den Heizer, sie macht auch den ausbleibenden Kampf Karls in späteren Passagen sichtbar, wo man diesen eigentlich erwarten würde. So setzt sich das erste Kapitel ein Stück weit vom Rest des Romans ab. Es spielt, in diesem Zusammenhang nicht ohne Bedeutung, auch nicht eigentlich in Amerika, sondern auf dem Schiff, das in den Hafen von New York einfährt. Karl verhält sich noch nicht so wie später auf dem neuen Kontinent.

Die Beschäftigung mit Schlüsselpassagen, deren es natürlich mehr gibt, als an dieser Stelle angeführt werden kann, dient der Texterschließung, die hier nicht ständig das Textganze des Romanfragments im Auge behalten muss, sondern sich auf einen überschaubaren Abschnitt konzentrieren kann. Nach einer solchen Erschließung bietet sich freilich die Ausweitung des Erkannten auf den gesamten Roman an.

Das Erzählen

Schon lange stellen Fragen des Erzählens ein Zentrum der Kafka-Forschung dar. Seit Friedrich Beißner 1952 den Begriff der »Einsinnigkeit«[22] einführte, wird Kafkas Erzählweise als besonders und deutungswürdig betrachtet. Beißner versteht unter »einsinnig« im Wesentlichen eine besondere Form der Monoperspektive, die in der Einschränkung der Erzählinstanz auf Karl Roßmanns Wahrnehmung und Erleben beruht. Zusätzlich ist dieses Erzählen auf den Moment des Erlebens fokussiert. Nichts wird rückblickend erzählt. Dennoch handelt es sich, bei aller Unmittelbarkeit, nicht um den Blick einer Kamera, der dem Erzählen zugrunde liegt. Neben dem Blick auf die äußere Welt findet sich im *Verschollenen* der auf Karls Inneres. Aber auch dieser richtet sich auf den Augenblick des Geschehens und blickt nicht zurück. Mit der konsequenten Beschränkung des Erzählgangs auf das von Karl Erlebte, innerlich oder äußerlich, geht auch eine strenge Linearität des Erzählens einher. Nebenhandlungen im eigentlichen Sinne finden sich nicht.

Die Einsinnigkeit des Erzählens bedeutet auch, dass alles, was dem Protagonisten entgeht, nicht erwähnt wird. Ebenso wird nicht erklärt, was Karl Roß-

■ Einsinnig-keit

---

22 In seinem Vortrag »Der Erzähler Franz Kafka«.

mann nicht versteht. Seine Ratlosigkeit angesichts solcher Umstände allerdings wird hin und wieder durchaus Thema. Wenn das Erzählen Untersuchungsobjekt sein soll, um einen Zugang zum Werk zu gewinnen, dann ist es wichtig, sich die Bedeutung und Funktion der spezifischen Erzählhaltung im *Verschollenen* vor Augen zu führen.

■ Funktion der Einsinnigkeit

Wenn die Einsinnigkeit des Erzählens im *Verschollenen* am Text überprüft und bestätigt ist, drängt sich die Frage nach der Funktion der Erzählweise auf. Was hat es für einen Sinn, die Welt des im Roman Beschriebenen konsequent auf das von Karl Erlebte bzw. Wahrgenommene zu beschränken? Ein möglicher Erklärungsansatz liegt in der Frage nach dem Darstellungsinteresse. Die Berücksichtigung einer Welt außerhalb von Karls Erleben würde dieses relativieren. Die Gefangenschaft Karls in seinem Erleben ist aber zentral für die Ausweglosigkeit seiner Situation, ihre Untersuchung ein Königsweg zur Erschließung des Romans.

Komik

Es gibt im *Verschollenen* ähnlich wie in anderen Werken Kafkas verschiedene Erscheinungsformen des Komischen. Allerdings handelt es sich in der Regel um Komik, die sich ausschließlich für den Leser ergibt. Karl Roßmann wird kaum je als amüsiert oder heiter beschrieben.

Eine Erscheinungsform des Komischen besteht in

der Übertreibung. Das Haus des Onkels zum Beispiel verfügt über eine Vielzahl von verzerrenden Übertreibungen. Dazu gehören Zahl und Größe der Aufzüge, die teils für Menschen, teils für Gegenstände bestimmt, von gewaltiger Größe sind. Der Möbelaufzug, mit dem Karls Klavier angeliefert wird, ist so groß, dass in ihm »ohne Gedränge ein ganzer Möbelwagen Platz finden konnte« (S. 43). Eine weitere Verzerrung hin zum Grotesken durch Übertreibung zeigt die Beschreibung von Karls Badezimmer im Haus seines Onkels: »Über die ganze Wanne der Länge und Breite nach spannte sich das Sieb der Dusche« (S. 45). In den Dimensionen übertrieben wirkt auch die Beschreibung der Telegraphenzentrale im Unternehmen des Onkels, in der Unmengen an Angestellten hin und her eilen und in verwirrender Weise Dinge besorgen, die in ihrer Sinnhaftigkeit kaum zu verfolgen sind.

■ Komische Übertreibung

Ebenfalls zum Komischen neigt die immer wieder erwähnte »Veroneser Salami« (S. 12) in Karls Koffer. Den möglichen Verlust des Koffers bedauert Karl nicht zuletzt deshalb, weil er dem eben kennengelernten Heizer gerne die Wurst geschenkt hätte. Offensichtlich belässt Karl die Wurst während der Zeit im Hause seines Onkels im Koffer, denn als er nach der Verbannung in dem schäbigen Gasthaus, wo er Delamarche und Robinson kennenlernen wird, den Koffer überprüft, entdeckt er, dass die Salami »allen Sachen ihren Geruch mitgeteilt« (S. 92) hat. Die Komik wird dadurch verstärkt, dass Karl sich vorstellt,

■ Komik durch Salami

»monatelang in diesen Geruch eingehüllt herumzu-
gehn« (S. 92). Die durch die Wurst erzeugte Komik ist
auch deshalb erhellend, weil an ihr deutlich wird, dass
Komik im *Verschollenen* in der Regel in der Wahrnehmung des Lesers, keineswegs in der Karls ist.

■ Slapstick

Schließlich ist mehrfach auf slapstickhafte Szenen
hingewiesen worden, die das Element der Komik in
den *Verschollenen* trügen. Besonders Karl Roßmanns
Flucht vor der Polizei, die vor Bruneldas Wohnung
beginnt und sich zu einer Verfolgungsjagd entwickelt,
die wie die Verschriftlichung einer Stummfilmszene
wirkt, gilt als Beleg ebenso des Filmischen wie des
Slapsticks. Dass der Protagonist am Ende nur durch
das Eingreifen Delamarches gerettet wird, der in der
Folge Karls Beherrscher und Bestrafer sein wird,
macht deutlich, dass die Flucht Karls nicht eigentlich
als komisch zu verstehen ist. Er bewegt sich bei seinem Rennen durch Straßen und Gassen wie ein Beu-
tetier in einem Netz, das am Ende von der Spinne er-
griffen wird.

Das Komische bei Kafka ist wiederholt Gegenstand
des wissenschaftlichen Interesses gewesen. Kafka ist
sogar, zum Beispiel von dem Schriftsteller und Satiri-
ker Eckhard Henscheid, als »Großhumorist«[23] bezeichnet worden. Auch wenn man nicht so weit gehen möchte, ist das Komische in Kafkas Werken ohne
Zweifel vorhanden. *Der Verschollene* ist im Kern so

---

23 Eckhard Henscheid, »In brandeigener Sache. Zur Lage der
deutschen Literaturkritik«, in: *Der Rabe. Magazin für jede
Art von Literatur – Nummer 4*, Zürich 1983, S. 164.

tragisch und so wenig komisch, dass das Auftreten von Slapstick oder anderen Formen von Komik im Roman durchaus der Erklärung bedarf. Im *Verschollenen* erfüllt es, besonders in den angeführten Fällen, eine besondere Funktion, es erzeugt Distanz zwischen dem Leser und Karl Roßmann. Das ist zwar schon zu Zeiten Kafkas allgemein anerkannte Funktion des Komischen und des Lachens, im *Verschollenen* aber erfüllt es diese Funktion auf besondere Weise. »Lachen ist meist mit einer gewissen *Empfindungslosigkeit* verbunden«, heißt es in dem um die Jahrhundertwende verbreiteten Essay *Das Lachen* (*Le Rire*) des französischen Philosophen Henri Bergson zur Erklärung des Komischen.[24] Wenn Karl Roßmann sich vorstellt, wie er die kommenden Monate von einer Wolke des Salamigeruches umhüllt wird leben müssen, ist dies für ihn nicht komisch. Es bedeutet für ihn in seiner Situation der Ausgestoßenheit eine weitere Demütigung und eine weitere Schwierigkeit bei den nicht endenden Versuchen, sich einen Platz in der Welt zu schaffen. Aus der Leserperspektive hingegen klafft ein Abgrund zwischen der existentiellen Beschädigung des Protagonisten durch seinen gesellschaftlichen Absturz und der Sorge um Wurstgeruch in der Kleidung. Diese Diskrepanz erzeugt eine Spannung, die sich in Komik löst. Was aber ist hier die Aufgabe der Komik? Ganz bestimmt liegt die Aufga-

■ Funktion der Komik

---

24 Henri Bergson, *Das Lachen. Ein Essay über die Bedeutung des Komischen*, übers. von Roswitha Plancherel-Walter, Hamburg 2011, S. 14.

be der Komik im *Verschollenen* nicht in der Abmilderung des geschilderten Unglücks oder in heiterer Verklärung. Ihre Bedeutung liegt eher in der angesprochenen Distanzierung des Lesers vom Protagonisten und seinem Schicksal. In letzter Konsequenz findet sich Karl Roßmann durch die komische Wirkung des Salamigeruchs noch stärker isoliert und allein als zuvor. Ihm fehlt sogar das Mitgefühl des nun belustigten Lesers. Damit verstärkt das Komische im *Verschollenen* in letzter Konsequenz die Tragik des Werkes, indem es Empathie mit dem Protagonisten verhindert. Ein Großhumorist ist Kafka wohl nicht, sein Karl Roßmann ist aber sicher ein tragischer Held, dem neben dem Unglück auch immer wieder die Lächerlichkeit anhängt, die ihm sogar das Mitgefühl des Lesers rauben kann.

Komik und Tragik

Ein Interpretationsansatz, der die Komik im *Verschollenen* in den Fokus rückt, ist also eigentlich der Tragik des Werkes auf der Spur. In diesem Zusammenhang stehen groteske Übertreibungen, unverhältnismäßige Einschätzungen von Sachverhalten durch den Protagonisten oder Erscheinungsformen des Slapstick.

Das Werk als Traum

Einerseits spielen Träume im Werk Franz Kafkas immer wieder eine große Rolle. Andererseits folgen Handlungsverläufe in seinen Erzählungen häufig einer Ordnung, die gerne als Traumlogik bezeichnet

Traumlogik

Abb. 4: Zeichnung Kafkas

wird. Damit ist nicht Logik im engeren Sinne gemeint, sondern eher ein traumähnliches Funktionieren, ein Sichverhalten, das Träumen eigen ist. Sehr
geeignet zum Untersuchen dieser Besonderheit des
Kafka'schen Schreibens ist unter anderem die kurze
Erzählung *Ein Traum* aus der Sammlung *Ein Landarzt*. Auch *Der Verschollene* steht an verschiedenen
Stellen und auf verschiedenen Ebenen dem Traum
nahe. Einige Erscheinungsformen der Traumlogik
sind in dem Roman besonders auffällig. Dazu gehört
die nahezu vollständige Unverbundenheit der Schauplätze untereinander. Wie in einem Traum wechselt
der Schauplatz eher, als dass der Weg von einem zum
nächsten Ort beschritten würde. Hierin steht die

Traumlogik in der Nähe des filmischen Erzählens, in dem ebenfalls Sequenzen übergangslos aufeinanderfolgen. Eine zweite traumspezifische Struktur zeigt sich in der Wiederholung, beziehungsweise der wiederholenden Variation. Wie bereits im Abschnitt »*Der Verschollene* als Stufenroman« gezeigt wurde, wiederholt sich die Sequenz vom Versuch der Etablierung an einem Ort und dem Scheitern des Versuches, gefolgt von der Verbannung, mehrfach. Damit findet ein für den Traum typisches Kreisen um ein immer gleiches Thema statt, das sich in einer Abfolge von Variationen manifestiert. Bisweilen verblasst auch ein Geschehen in der Wahrnehmung Karls und wird durch etwas Neues abgelöst, ohne dass ein Grund dafür angeführt würde. So wird zum Beispiel das Schicksal des Heizers durch das Auftreten des Onkels dauerhaft verdrängt.

Aber was für ein Nutzen für die Erschließung des Romans folgt aus der Erkenntnis, dass der *Verschollene* in zentralen Bereichen einer Traumlogik folgt? Akzeptiert man für den Roman das Vorherrschen einer Traumlogik, so folgt daraus, dass Abweichungen von der Realität im Text nicht mehr als Fehlleistungen, sondern als motivierte Auffälligkeiten angesehen werden. Das Schwert in der Hand der Freiheitsstatue, das Karl Roßmann bei der Einfahrt in den Hafen von New York bemerkt, das sich ihm geradezu durch seinen Glanz aufdrängt, ist in der Traumlogik kein Beweis dafür, dass sich Kafka in Amerika nicht auskannte. Die Auffälligkeit steht vielmehr in Verbindung mit

■ Funktion der Traumlogik

der Gerichts- und Verurteilungsthematik, die den Roman beherrscht, und damit mit den strafenden Vaterfiguren. In der Traumlogik sind Zusammenhänge wichtig, die nicht kausal sind. Ebenso sind Aussagen, die nicht mit der zeitgeschichtlichen Wirklichkeit übereinstimmen müssen, von Aussagekraft. Sigmund Freud nannte den Traum in seiner *Traumdeutung* den »Königsweg zum Unbewussten«. Dass Kafka das Werk gelesen hat, ist sehr wahrscheinlich, mit Freud beschäftigt hat sich fast die gesamte literarische Moderne.[25] Vermeintliche Fehler Kafkas im *Verschollenen* sind also Hinweise auf Zugänge zu Karl Roßmanns Innenleben und lassen sich insofern als Interpretationsanlässe nutzen.

Der Interpretationsansatz zum *Verschollenen*, der Traumähnlichkeit und Traumlogik betrachtet, zielt also auf den Protagonisten und sein Innenleben. Weitergehende Schlüsse auf den Autor und sein Innenleben liegen nahe und sind plausibel, bergen aber die Gefahr eines platten Biographismus. Das Ziel der hier vorgestellten Interpretationsansätze ist stets Erschließung oder Annäherung an das Werk.

---

25 Vgl. hierzu zum Beispiel Thomas Anz, *Psychoanalyse und literarische Moderne. Zu den Anfängen einer dramatischen Beziehung*, Vortrag vom 1. März 2002 am Institut für Geschichte der Medizin der Universität Tübingen, online: https://literaturkritik.de/id/5803 (abgerufen am 6.9.2021).

Vergleich mit Prätexten

Kafka hat manche Autoren und explizit manche literarische Werke sehr bewundert. Er ist sogar so weit gegangen, literarische Vorbilder für den *Verschollenen* zu benennen, wie zum Beispiel *David Copperfield* von Charles Dickens. Auf einige Prätexte lohnt es sich besonders einzugehen, weil im Vergleich mit ihnen die Eigenarten des *Verschollenen* und literarische Absichten Kafkas umso deutlicher zutage treten.

■ Charles Dickens

Im Romanwerk von Charles Dickens ist der Entwicklungsgang eines jungen Mannes von der Kindheit an häufig gewähltes Thema. Neben dem genannten *David Copperfield* stehen *Oliver Twist*, *Great expectations* und weitere. Stets ist die Welt, die den Protagonisten umgibt, fremd und in der Regel wenig einladend. Insbesondere *David Copperfield* wird häufig als Prätext zum *Verschollenen* herangezogen. Auch Kafka selbst hat den Roman als Vorbild dargestellt.[26] Wo genau Übernahmen oder Entsprechungen vorliegen, worin *David Copperfield* Vorbildcharakter erhält, das bleibt allerdings unklar. Natürlich gibt es in den Schicksalen der beiden Protagonisten hier und da Parallelen. Insgesamt aber reichen die rein inhaltlichen Bezüge nicht sehr weit. Letztlich ist der Dickens-Roman ein Bildungsroman und *Der Verschollene* geradezu das Gegenteil eines solchen. In der Erzählweise allerdings findet sich einiges an Verwandtschaft.

26 Vgl. hierzu 5. Kapitel »Quellen und Kontexte«.

Ein weiteres Bezugswerk von besonderer Bedeutung ist *Der arme Spielmann* von Franz Grillparzer. Reiner Stach berichtet, Kafka habe die Novelle »beinahe auswendig« gekonnt.[27] Fasziniert habe ihn vor allem deren »ästhetische Sprengkraft«, die sich beim Vorlesen äußere.[28] Das bedeutet, dass es bei ihrer Wirkung um Eigenschaften auf verschiedenen Wahrnehmungsebenen gehen kann, wenn sie nur wirksam werden. Fest steht, dass Kafka von Grillparzers Werk tief beeindruckt war, auch und vor allem zu der Zeit, als seine Arbeit am *Verschollenen* den stärksten Aufschwung nahm. Eine erste Verwandtschaft der beiden Texte zueinander zeigt sich beim Blick auf die Protagonisten. Karl Roßmann und Jakob, der Spielmann in der Novelle, sind beide tragische Gestalten, die in der Welt scheitern. Beide stehen unter dem Einfluss übermächtiger Vaterfiguren und werden von diesen verstoßen. Schließlich leben beide in einer Welt, die ihnen letztlich undurchschaubar bleibt und deren Darstellung aus ihrer Perspektive bruchlos ist. Das tragische Ende, das der Spielmann bei Grillparzer nimmt, kann nicht mit Karls Ende verglichen werden, von dem wir nichts sicher wissen.

Karl Roßmann und der Spielmann Grillparzers sind einander auf offensichtliche Weise verwandt. Ihre Ähnlichkeit beruht nicht so sehr auf äußeren Merkmalen oder charakterlichen Besonderheiten. Wesent-

■ Franz Grillparzer

---

27 Reiner Stach, *Kafka. Die Jahre der Entscheidungen*, Frankfurt a. M. 2002, S. 411.

28 Stach, *Kafka* (s. Anm. 27), S. 117.

lich in beider Schicksal ist das Verstoßensein durch den Vater und die Verlorenheit in einer letztlich nicht zu begreifenden Welt. Diese Situation teilen sie mit einer weiteren Figur, die ebenfalls Protagonist eines Erzählwerkes ist. Es handelt sich um den Helden der Novelle *Aus dem Leben eines Taugenichts* von Joseph von Eichendorff. Er wird von seinem Vater, einem Müller, fortgeschickt, weil er sich an der in der Mühle anfallenden Arbeit so gar nicht beteiligen möchte. Auf seiner Wanderung durch die Welt findet er, ohne eigentlich zu verstehen, warum, sein Lebensglück, einschließlich Geliebter und wirtschaftlicher Versorgung. Diese Novelle scheint zunächst mit den anderen Texten keine Verwandtschaft zu haben. Zu freundlich und positiv gibt sich das Schicksal des von zu Hause verstoßenen Taugenichts. Auch gestaltet sich der Ausgang der erzählten Geschichte, nicht zuletzt dank zahlreicher Helferfiguren, ausgesprochen glücklich, ja nahezu vollkommen glücklich (»und es war alles, alles gut.«). Dennoch handelt es sich bei dem Taugenichts um einen Verwandten Karl Roßmanns. Die Verwandtschaft liegt im eingeschränkten Vermögen beider Protagonisten, die Welt und ihr Funktionieren zu durchschauen. Dass diese sich dem Taugenichts freundlich erweist, bleibt aber ebenso unerklärt, wie es die Schicksalsschläge für Karl Roßmann oder den Spielmann sind. Beides, das günstige Schicksal, das die Welt bei Eichendorff ihrem Helden bereitet, und das ungünstige bei Kafka, erscheint den Figuren, weitgehend aber auch den Leserinnen und

Lesern, vollkommen willkürlich. Verwandt sind also am Ende nicht nur die Protagonisten, sondern auch die Welten. Dass der Taugenichts als Ich-Erzähler und in der Rückschau erzählt, etabliert zwar formal einen Unterschied zwischen den beiden Werken. Dass der Protagonist Eichendorffs aber auch mit zeitlichem Abstand immer noch dem Leser leicht die Gelegenheit gibt, klüger als er zu sein, macht den Taugenichts wieder zu einem sehr ähnlichen, aber glücklichen Bruder Karl Roßmanns.

Der Wert der Prätexte und anderweitig verwandten Werke, insbesondere des *Taugenichts*, für die Erschließung des *Verschollenen* liegt in erster Linie nicht in der Klärung von Herkunftslinien einzelner Textdetails. Es kann vielmehr im Vergleich der Frage nachgegangen werden, welchen Anteil die unverständliche Welt am Glück oder Unglück der Protagonisten hat. Während die Welt im *Taugenichts* eine letztlich grundlos freundliche ist, ist sie im *Verlorenen* ebenso grundlos feindlich. Der Spielmann Grillparzers wiederum scheitert in einer Welt, die er nicht versteht, während der seinem Erleben vorgeschaltete Erzähler als Pragmatiker und Nicht-Künstler Zusammenhänge erkennt. Am Unglück des Helden ist also ein persönliches Defizit schuld. In allen genannten Texten sind die Protagonisten nicht Herr ihres Schicksals, weil sie die Welt nicht verstehen, in der sie umherirren. Sie handeln weniger, als dass sie Einwirkungen von außen ausgesetzt sind. Im Zusammenhang mit den Prätexten zeigt sich *Der Verschollene* als Fortsetzung ei-

■ Bedeutung der Prätexte

ner Linie von Geschichten, in denen der Held die Welt mit je unterschiedlichem Ausgang erleidet, auch wenn er, wie der Held bei Eichendorff, nicht unbedingt unter ihr leidet. Die Besonderheit von Kafkas Roman liegt darin, dass die geschilderte Welt grundsätzlich nicht zu verstehen ist, während bei Grillparzer das fehlende Verständnis des Protagonisten als persönliches Defizit markiert ist.

Die vorstehend skizzierten Interpretationsansätze sind keine endgültigen Ergebnisse. Eine Vielzahl weiterer, häufig auch miteinander vernetzter Themen (wie beispielsweise bei dem Thema der fragmentierten Schauplätze und der Traumlogik) ist denkbar, mit denen man sich diesem Roman fokussiert nähern kann.

7. Autor und Zeit

Die Lebensgeschichte Franz Kafkas, vor allem was Kindheit und Jugend betrifft, unterscheidet sich wahrscheinlich nicht fundamental von der vieler Zeitgenossen in Prag. Sehr besonders sind aber wohl die Art und vor allem die Intensität, in der er seine Umgebung im Großen wie im Kleinen erlebte. Dazu gehört anhaltend und beherrschend ein Gefühl der Fremdheit, ob das nun die frühe Erfahrungswelt der Familie oder die später hinzutretende der Heimatstadt Prag betrifft. Das Gefühl der Fremdheit in einer vertrauten Welt kann man nachvollziehen, wenn man sich das Leben Kafkas vor Augen führt. Es ähnelt dem, das sich beim Lesen des *Verschollenen* einstellen kann, wenn man sich Karl Roßmanns Situation als Verstoßener in einer neuen und abweisenden Welt vorstellt. Die Vergleichbarkeit mit eigenen Erfahrungen fehlt dem heutigen Leser in beiden Fällen weitgehend, das Gefühl, dergleichen genauso selbst schon erlebt zu haben, ist wenig wahrscheinlich. Wenn uns aber beides, biographische Gegebenheit und literarisches Werk, gleichermaßen fremd vorkommt, lässt sich daraus noch keine Gleichartigkeit von Leben und Werk ableiten. Es ist vielmehr gefährlich, den *Verschollenen* allzu biographisch lesen zu wollen. Dennoch ist gerade im Falle Kafkas eine zumindest kursorische Kenntnis seiner Biographie von großem Wert für das Verständnis seiner Texte, ohne dabei allzu direkte und allzu inhaltlich

■ Das Gefühl der Fremdheit

faktische Rückschlüsse vom Leben auf das Werk zu ziehen. In der Folge sollen verschiedene Aspekte und Ereignisse beleuchtet werden, die in Kafkas Leben prägend waren und in wie immer gearteter Beziehung zum Romanfragment *Der Verschollene* stehen. Die Darstellung ist chronologisch, aber auch aspektorientiert gegliedert. Dadurch sollen Entwicklungslinien und Schwerpunkte in Kafkas Leben sichtbar gemacht werden.

Franz Kafka wurde am 3. Juli 1883 in Prag geboren, das damals zu der österreichisch-ungarischen Doppelmonarchie gehörte. Ab 1918, mit dem Ende des Ersten Weltkriegs und dem Zerfall des Habsburger Reiches, war er Bürger der neu entstandenen Tschechoslowakei, gestorben ist er im Österreich der Zwischenkriegszeit. Über seine Zugehörigkeit zu einer klar zu definierenden Bevölkerungsgruppe ist mehrfach und fruchtlos gestritten worden. Kafka selbst war Nationalismus fremd, obwohl im Laufe seines Lebens sein Interesse an jüdischer Kultur und Zionismus zunahm. Zu seinem Werk, auch zum *Verschollenen*, passt das Lebensgefühl, zu keiner Gruppe zu gehören, vielleicht am besten. Als Angehöriger einer deutschsprachigen, jüdischen Familie gehörte er von seiner Geburt an auf doppelte Weise zu einer Minderheit in Prag, wie auch die Tschechen eine Minderheit in Österreich-Ungarn darstellten. Das Gefühl, Außenseiter zu sein, in zunehmendem Maße auch in der Familie, begleitete ihn anhaltend. Auch in seinem Werk wird es immer wieder Thema.

■ Außen-
seitertum

Abb. 5: Franz Kafka, 1923

Aber der Reihe nach: Die Eltern stammten aus dem bürgerlichen Judentum Böhmens, wirtschaftliches Fundament der Familie war ein Galanteriewarengeschäft im Zentrum Prags, das beständig wuchs und immer mehr Arbeit forderte. Zwei Brüder Kafkas starben in früher Kindheit. Seine drei Schwestern Gabriele (Elli), Valerie (Valli) und Ottilie (Ottla) überlebten ihren Bruder Franz. Die intensivste Beziehung innerhalb der Familie hatte Franz lebenslang zu seiner

■ Eltern und Geschwister

Schwester Ottla. Diese sachlichen Informationen über die Familie Kafkas gewinnen an Bedeutung, wenn man sie im Zusammenhang und aus der mutmaßlichen Perspektive des betroffenen Kindes betrachtet. Franz war das erste Kind von Hermann und Julie Kafka, die ihre ganze Kraft vordringlich der Etablierung und dem Ausbau ihres Geschäftes widmeten oder widmen mussten und von Anfang an nur wenig Zeit für ein Leben mit ihrem Sohn hatten. Freilich gab es Personal in der Familie, das sich um ihn kümmerte, aber auch öfter wechselte, so dass sich kaum engere Bindungen bilden konnten. Darüber hinaus erlebte das Kind, noch bevor es eingeschult wurde, zwei Umzüge, so dass, auch was den Lebensraum betrifft, Kontinuität und Verlässlichkeit fehlten. Ebenfalls in diese Zeit fallen Geburt und Tod seiner zwei jüngeren Brüder, von denen keiner das Alter von zwei Jahren erreichte. Die ab 1889 geborenen Schwestern, die alle am Leben blieben, waren altersmäßig sechs Jahre und mehr von Franz entfernt, so dass auch sie kaum als enge Vertraute geeignet waren. Bei allem war er allerdings besonders in der frühesten Phase seines Lebens ein durchaus behütetes Kind, dem es materiell bestimmt gutging, vor allem im Vergleich zu vielen seiner Altersgenossen.

Die Schulzeit Mit der Einschulung erweiterte sich der Lebensraum. Franz ging auf die »Deutsche Volks- und Bürgerschule in Prag I«, die mehrheitlich von Kindern deutschsprachiger Juden besucht wurde, Angehörigen mithin einer gleich zweifachen Minderheit in

Prag. Er wurde allerdings noch weiter vereinzelt, indem er als einziges Kind seiner Klasse auf dem Schulweg von einer Bediensteten der Familie begleitet wurde, die ihm, späteren Erzählungen Kafkas zufolge, Angst vor zu erwartenden Strafen machte. In späteren Tagebüchern, aber auch im *Brief an den Vater*, wird die Entstehung eines umfassenden Schuldbewusstseins beschrieben, das sich aus solchen Erlebnissen wie auch aus dem auf Disziplin und Strafen aufbauenden Erziehungssystem seiner Zeit entwickelte. Auch hier unterschieden sich Kafkas Erlebnisse nicht grundsätzlich von denen vieler seiner Altersgenossen, sie waren lediglich für das besonders empfindsame Kind besonders prägend und führten unter anderem zu langlebigen Versagensängsten. Die beständige Angst vor Bestrafung und Versagen kann nicht folgenlos geblieben sein, und auch wenn *Der Verschollene* kein rein autobiographisches Werk ist, so fällt es doch schwer, bei den Erlebnissen Karl Roßmanns nicht an Kafkas Kindheit zu denken. Ganz bestimmt ist in Kafkas Kindheit seine lebenslange Sensibilität für ihm gegenüber ausgeübte Macht angelegt worden. Sie steht neben dem beständigen Gefühl, Außenseiter zu sein.

Nach dem Abitur begann Kafka ein Studium an der Deutschen Universität Prag, das er nach fünf Jahren als promovierter Jurist abschloss, wobei er zeitweise auch Chemie, Germanistik und Kunstgeschichte studierte. Außerdem hörte er Vorlesungen in Psychologie. In die Studienzeit fällt auch Kafkas Bekanntschaft

■ Studium und Beruf

mit Max Brod, der ihm lebenslanger Freund und Unterstützer wurde. Max Brod sind auch die Bewahrung und Edition des größten Teils der Manuskripte Kafkas nach dessen Tod zu verdanken sowie viele Veröffentlichungen zu Lebzeiten.

Kafka war während seiner gesamten beruflichen Tätigkeit im Versicherungswesen tätig, fast die ganze Zeit bei der »Arbeiter-Unfall-Versicherungs-Anstalt für das Königreich Böhmen in Prag« (AUVA). Obwohl er die berufliche Tätigkeit als ungeliebte Belastung empfand, war er in seiner Arbeit durchaus erfolgreich und wurde von seinen Vorgesetzten sehr geschätzt. Diese beförderten Kafka mehrfach und sorgten dafür, dass er im Ersten Weltkrieg nicht zum Militär eingezogen wurde. Im Alter von 39 Jahren wurde er nach knapp 15 Jahren Berufstätigkeit aufgrund seiner Tuberkulose pensioniert.

Eine einschneidende Phase in Kafkas Leben waren der Erste Weltkrieg und dessen Folgen. Obwohl er nicht eigezogen wurde und die kriegerischen Ereignisse fast ausschließlich aus der Ferne miterlebte, betrafen ihn die Auswirkungen durchaus. So verlor er große Teile seiner Ersparnisse, die er in Kriegsanleihen angelegt hatte. Auch bemühte er sich darum, zum Militär eingezogen zu werden, was die AUVA, seine Arbeitsstelle, immer wieder verhindern konnte. Ab 1915 wurde diese stärker in die Versorgung der verwundeten Kriegsheimkehrer einbezogen. Kafka begegnete dadurch einerseits bei der Arbeit den vielfältig Versehrten, andererseits nahmen die Belange der

■ Der Erste
Weltkrieg

Heimkehrer einen immer größeren Raum in seiner Arbeit ein. Schließlich schränkten sich auch die Reisemöglichkeiten für Kafka ein. Die Grenzen zu den Nachbarländern waren weitgehend geschlossen, Teile des Reiches waren Kampfgebiet. In der Zeit nach dem Krieg wurden große Teile seines bisherigen Erfahrungsraumes endgültig zu Ausland und dadurch schwerer erreichbar.

Kafka hatte im Laufe seines Lebens mehrere intensive Beziehungen zu Frauen. Den größten Zeitraum, die Jahre 1912 bis 1917, nimmt dabei Felice Bauer aus Berlin ein, mit der er zweimal verlobt war. Zu einer Verheiratung kam es aber am Ende nicht. In die Zeit der »Felice-Jahre« fällt auch die Entstehung des *Verlorenen*. Große Bedeutung hatte nach dem Bruch mit Felice Milena Jesenská, eine tschechische Journalistin, die in Wien lebte und mit der Kafka auch nach dem Ende der Beziehung in Kontakt blieb. Schließlich, am Ende seines Lebens, das sehr weitgehend durch seine Krankheit geprägt war, lernte er während einer Urlaubsreise an die Ostsee Dora Diamant, eine junge Erzieherin, kennen, die ihn bis zu seinem Tod begleitete.

■ Beziehungen zu Frauen

Im Laufe seines Lebens reiste Kafka gerne, wenn auch nicht häufig und nach heutiger Bewertung nie weit. Kur- und Heilaufenthalte abgezogen, war er einmal in Paris, mehrere Male in Italien und in Deutschland, dort zum Beispiel in München, Leipzig und Weimar. Nach dem Ende des Ersten Weltkrieges wurden auch bis dahin leicht erreichbare Ziele wie Wien

■ Reisen

oder Budapest zum Ausland und dadurch schwerer zu bereisen. Insgesamt blieb der Horizont seiner Reiseerfahrungen eher eng. Weit außerhalb von Kafkas Erfahrungswelt liegt damit Amerika, der Schauplatz des *Verschollenen*. Das Meer, gleichsam als Ausgangspunkt einer längeren Reise, hat er allerdings mehrfach gesehen, erst die Nordsee, dann die Adria, am Ende die Ostsee. Zu längeren Reisen mit dem Schiff kam es nicht, zum Blick ins Weite vom Ufer aus schon. Fast sein ganzes Leben lang blieb Prag Lebensmittelpunkt, obwohl er immer wieder Pläne fasste, sich von seiner Heimatstadt zu befreien. Lediglich in seinem letzten Lebensjahr zog er für ein paar Monate nach Berlin, wo er mit Dora Diamant gemeinsam eine Wohnung bezog.

Die Krankheit

Franz Kafka starb am 3. Juni 1924 in einem Sanatorium im niederösterreichischen Kierling an Kehlkopftuberkulose. Zu diesem Zeitpunkt hatte ihn die Krankheit schon lange begleitet. Den ersten tuberkulosebedingten Blutsturz erlitt er bereits 1917. In der Folge gewann die Krankheit immer größeren Einfluss auf sein Leben. Mehrfache monatelange Aufenthalte in Heilanstalten brachten indes keine Besserung. Gesundheit und Krankheit waren allerdings schon vor der Manifestation der Tuberkulose wichtiges Thema in Kafkas Leben. Er beachtete bestimmte strenge Ernährungsregeln und absolvierte bereits seit 1905, immerhin mit 22 Jahren, Kuraufenthalte in verschiedenen Einrichtungen. 1918/19 erkrankte er zusätzlich zur Tuberkulose an der Spanischen Grippe, die weltweit viele Millionen Tote forderte. Insgesamt spielten gesundheitliche Defizite lebenslang eine zentrale Rolle in seinem Selbstgefühl und -verständnis.

Auch wenn die literarischen Veröffentlichungen Kafkas zu seinen Lebzeiten mengenmäßig bescheiden blieben, stand das Schreiben für ihn sein Leben lang bis kurz vor seinem Tod im Zentrum. Die ersten Versuche, noch aus der Schulzeit, sind nicht überliefert. Andere Bereiche des Lebens, wie der Beruf oder Beziehungen zu Frauen, wurden stets auch unter dem Aspekt ihrer Hinderlichkeit für das Schreiben bewertet. Dabei wechselten sehr produktive Phasen mit quälend fruchtlosen ab, bisweilen versiegte die Arbeit ganz. Die Schaffensphase, in der *Der Verschollene* entstand, findet sich in einem Zeitraum, in dem viel von dem entstand, was Kafka selbst als gelungen anerkannte. Die Hoffnung, das Schreiben zur Hauptbeschäftigung und zum eigentlichen Beruf zu machen, erfüllte sich aber auch zu dieser Zeit nicht.

■ Das Schreiben

Für den vorliegenden Lektüreschlüssel ist es sinnvoll, neben der gesamten Biographie besonders den Lebensabschnitt, in dem *Der Verschollene* entstanden ist, in den Blick zu nehmen. Einige Rahmenbedingungen sind hier von Bedeutung, ebenso sind einige literarische Stationen zu berücksichtigen. Kafkas berufliche Situation hatte sich bereits 1908 verstetigt, als er seine Stellung bei der »Arbeiter-Unfall-Versicherungs-Anstalt für das Königreich Böhmen in Prag« antrat. Parallel nahm das literarische Schreiben einen großen Teil seiner Zeit neben dem ›Brotberuf‹

■ Als *Der Verschollene* entstand

ein. Im August 1912 wurde er durch seinen Freund Max Brod mit Felice Bauer, seiner späteren langjährigen Verlobten, bekannt gemacht. Das Treffen hängt wahrscheinlich mit einer im September desselben Jahres beginnenden Schaffensphase zusammen, in der mehrere seiner bekanntesten Werke entstanden sind. Zumindest liegen die beiden bedeutenden Anfänge in direkter zeitlicher Nachbarschaft zueinander. Etwas sechs Wochen nach der Begegnung mit Felice Bauer schrieb Kafka in der Nacht vom 22. auf den 23. September 1912 die Erzählung *Das Urteil*, praktisch in einem Zug ohne abzusetzen. Zwar hatte die Arbeit am *Verschollenen* bereits Ende 1911 begonnen, nach der Entstehung des *Urteils* aber wurde alles bisher Entstandene vernichtet und der Roman von vorne begonnen. Das Vernichtete soll einen Umfang von ungefähr 200 Manuskriptseiten gehabt haben. Vermutlich am 26. September 1912 entstanden die ersten Seiten des *Heizers* und damit der erhaltenen Fassung des ersten Romankapitels. Damit beginnt eine Phase sehr erfolgreichen Schreibens. Bereits im November 1912 lagen die ersten sechs Kapitel vor. Bis Januar 1913 setzte sich nach diesem ersten Schub die Arbeit zögerlicher fort, dann brach sie ab. Von August bis Oktober 1914 entstanden die letzten erhaltenen Passagen des *Verlorenen*, dann wurde das Projekt aufgegeben. Ebenfalls in die Zeit der bedeutenden und ergiebigen Schreibphase gehört die Entstehung der Erzählung *Die Verwandlung*, die in der Phase des intensiven Schreibens am *Verlorenen* entstand. Außerdem arbeitete Kafka ab Sommer 1914 an seinem zweiten Roman, dem *Process*. Auch dieser Roman sollte unvollendet bleiben.

Insgesamt nimmt die Arbeit am *Verschollenen* einen bedeutenden Platz in der zentralen Schreibphase in Franz Kafkas Leben ein. In den Jahren 1911–1915, das ist die Zeit, in der die wesentliche Arbeit an dem Romanfragment stattfand, entstanden weitere Texte, die im Werk Kafkas von großer Bedeutung sind. In der Folge sei ein kurzer Überblick über die Texte gegeben, die dieser Phase seines Lebens zuzuordnen sind. Ende 1912 erscheint Kafkas erste Buchveröffentlichung, *Betrachtung*, eine Sammlung von achtzehn teils sehr kurzen Erzählungen. Der schmale Band ist schon deshalb von Bedeutung, weil mit ihm erstmals der Schriftsteller Kafka mit einer selbständigen Veröffentlichung in Erscheinung tritt und sich auch nach außen hin als Schriftsteller positioniert, auch wenn die schiere Textmenge dessen, was sich in dem schmalen Bändchen findet, sehr bescheiden ist. Ein weiterer zentraler Text aus dieser Zeit ist *Das Urteil. Eine Geschichte*. Nach eigenen Angaben hat Kafka die Erzählung in einer einzigen Nacht verfasst (vom 22. auf den 23. September 1912). Die Entstehung der Erzählung kann, ähnlich wie ihre Bedeutung im Gesamtwerk, nicht hoch genug eingeschätzt werden. Es handelt sich bei ihr um einen Text, der, was bei Kafka selten ist, ohne Unterbrechung in einem Zug entstand, sehr wahrscheinlich ohne Vorarbeiten. Nach eigener Aussage blieb ihm *Das Urteil* zeitlebens der

■ Weitere Texte aus der Zeit

liebste Text seines Gesamtwerkes. 1914/15 entsteht, im Anschluss an den *Verschollenen*, das zweite Romanfragment Kafkas, *Der Process*. Die Arbeit an den beiden Romanen überschneidet sich zeitlich. Am *Process* schreibt Kafka ab August 1914, noch im Mai 1915 beschäftigt er sich mit dem *Verschollenen*. Ebenfalls 1915 entsteht *Die Verwandlung*, die im Oktober 1915 in der Zeitschrift *Weiße Blätter* erscheint.

Einige Lebensthemen bestimmen und prägen Kafkas Existenz bis zum Schluss. Das literarische Schreiben ist und bleibt aber das zentrale andauernde Bedürfnis, von dessen jeweiligem Gelingen das Lebensgefühl direkt abhängt. Andere Bereiche des Lebens wie Familie, Liebe und Partnerschaft oder Beruf sind nach- und untergeordnet, Erlebnisse in diesen Bereichen aber hinterlassen Spuren im Werk. Schon deshalb ist es von Bedeutung, sich mit dem Leben Kafkas zu befassen, wenn man tiefer in sein Werk eindringen möchte. Der hier skizzierte Überblick kann nur einen ersten Eindruck vermitteln, die Lektüre einer Biographie wird daher dringend empfohlen.[29]

29 Vgl. hierzu 10. Kapitel »Literaturhinweise«.

8. Rezeption

Die Rezeptionsgeschichte von Kafkas erstem Roman ist kompliziert. Dies liegt unter anderem daran, dass sich die Reaktionen und Urteile des Lesepublikums immer wieder auf andere Textgestalten und Fassungen bezogen. Der Text des *Verschollenen*, wie er heute in modernen Leseausgaben vorliegt, erschien erstmals im Jahr 1983.[30] 1927, sehr viel früher und postum erschien der Roman unter dem Titel *Amerika*, herausgegeben von Max Brod aus Franz Kafkas Nachlass. Bereits 1913 erschien das erste Kapitel als Einzelveröffentlichung unter dem Titel *Der Heizer. Ein Fragment* als dritter Band der neu gegründeten Reihe *Der jüngste Tag* im Leipziger Kurt Wolff Verlag. Jede der Veröffentlichungen hat ihre Besonderheiten, die Geschichte ihrer Rezeption ist dennoch eine zusammenhängende, die bis heute nicht aufgehört hat.

Als Kafkas Verleger Kurt Wolff 1913 die Erlaubnis erhielt, den *Heizer* separat zu veröffentlichen, hatte Kafka das Projekt des *Verschollenen* bereits aufgegeben. Lediglich dieses erste Kapitel erschien ihm geeignet, als Buch zu erscheinen, und auch dies nur mit dem Zusatz »Ein Fragment«. Der Rest des Romans blieb zu Lebzeiten des Autors unveröffentlicht. Die ersten Kritiken betreffen mithin den *Heizer*, also das erste Kapitel des Romans, und sind überwiegend positiv. Sie beziehen sich auf den Text eines vergleichs-

■ Die *Heizer*-Rezeption

30 Franz Kafka, *Der Verschollene. Roman in der Fassung der Handschrift*, hrsg. von Jost Schillemeit, Frankfurt a. M. 1983.

weise unbekannten Autors und nur auf diesen, nicht auf einen schon etablierten Autor. Der österreichische Autor Robert Musil, der auch das erste Bändchen Kafkas, die *Betrachtung*, besprochen hat, ist vom *Heizer* sehr angetan. Er lobt dessen »Innerlichkeit des Erlebens«, in seiner Wahrnehmung erscheint der Autor letztlich »als sehr bewusster Künstler«. An Karl Roßmann entdeckt Musil, durchaus in Übereinstimmung mit heutigen Interpreten, Naivität, er betont aber auch in der gesamten Erzählung »etwas von der verschütteten Leidenschaft des Kindesalters für das Gute«.[31] Tatsächlich erscheint das erste Kapitel des *Verschollenen*, wenn man es isoliert betrachtet, hoffnungsvoll und, mit dem plötzlichen Auftreten eines reichen und freundlichen Onkels, fast kolportagehaft auf ein gutes Ende hin ausgerichtet. Insgesamt wird hier mit Kafkas Hinwendung zum Innerlichen und Psychologischen bereits Wesentliches betont, das Verhängnisvolle, die strafenden Instanzen und andere spätere Schwerpunkte der Deutung bleiben bei Musil natürlich unangesprochen.

Der Großteil der Werke Kafkas wurde nach seinem Tode von seinem Freund Max Brod herausgegeben. Es hat sich eingebürgert, die verlegerische Tätigkeit des Freundes als dilettantisch zu belächeln. Sie entspricht auch wirklich nicht modernen Anforderungen

---

31 Robert Musil, »Literarische Chronik (August 1914)«, in: R. M., *Gesammelte Werke in neun Bänden*, Bd. 9: *Kritik*, hrsg. von Adolf Frisé, Reinbek b. Hamburg 1978, S. 1469.

literarischer Editionen. Gleichzeitig ist sie höchst verdienstvoll und sorgfältig.

Als Max Brod den Roman unter dem Titel *Amerika* 1927 herausgab, waren die beiden späteren Romane, ebenfalls Fragmente, bereits aus dem Nachlass erschienen, ebenso, noch zu Kafkas Lebzeiten, einige Erzählungen und kürzere Texte. Kafka galt zu dem Zeitpunkt durchaus nicht mehr als unbekannter Debütant. *Der Verschollene* fand daher erst einmal weniger Beachtung als *Der Process* und *Das Schloss*, wurde aber dennoch überwiegend freundlich aufgenommen. Während des Dritten Reiches fand im Machtbereich der Nationalsozialisten keine Kafka-Rezeption statt. Er stand frühzeitig auf der Liste der verbotenen Autoren. Sein Weltruhm entwickelte sich erst nach 1945. Die deutschsprachige wissenschaftliche Aufarbeitung entwickelte sich rasch, arbeitete aber notgedrungen auf Basis der von Max Brod besorgten Ausgabe. Dennoch kommt es schon in den fünfziger Jahren zu zentralen Veröffentlichungen mit großer Strahlkraft. In der Folge seien einige wenige Arbeiten angeführt, die gewissermaßen als Landmarken in der Masse der Veröffentlichungen fungieren können. Sie verdeutlichen einerseits Positionen, die zum Zeitpunkt ihres Erscheinens bedeutend gewesen sind, zum anderen sind es Schriften, die sich als einflussreich herausgestellt haben.

Ein früher Meilenstein der Kafka-Forschung ist Friedrich Beißners Vortrag *Der Erzähler Franz Kafka*,

■ Die Rezeption von *Amerika*

gehalten im Jahr 1952 in Amsterdam.[32] In diesem Vortrag wird die Theorie des »einsinnigen Erzählens« dargelegt, die in der Folge und eigentlich bis heute kontrovers diskutiert wird. Beißner spricht auch als einer der Ersten von einer »Kafka-Mode« in der Literaturwissenschaft als Ausdruck für ein stark gestiegenes Interesse an dem nach 1945 wiederentdeckten Autor.

Ein etwas späteres Werk bildet einen weiteren Knotenpunkt, der auf die folgende Forschung ausstrahlt. Es ist *Franz Kafka. Das Baugesetz seiner Dichtung. Der mündige Mensch jenseits von Nihilismus und Tradition* von Wilhelm Emrich aus dem Jahr 1958. Der Band hat sich als einer der einflussreichsten der frühen Kafka-Forschung erwiesen.

■ Die Rezeption des *Verschollenen*

Erst im Jahr 1983 kam es zu einer Ausgabe des *Verschollenen* »nach der Handschrift«. Diese Ausgabe gilt seitdem als die maßgebliche. Auf ihre Textgestalt bezieht sich auch der vorliegende Lektüreschlüssel. Seit dem Erscheinen der neuen Ausgabe ist es auch möglich, in der Rezeption zwischen Kafkas Text und Max Brods Eingriffen zu unterscheiden. Alleine die Änderung des Titels von *Amerika* zu *Der Verschollene* hat mit Sicherheit dazu beigetragen, dass sich eine Gewichtsverlagerung in der Forschungsrichtung ergeben hat. Insgesamt ist davon auszugehen, dass nach Erscheinen der Ausgabe »nach der Handschrift« die Forschung in vielen Bereichen neu eingesetzt hat.

32 Für die im Folgenden genannte Literatur vgl. 10. Kapitel »Literaturhinweise«.

Heute ist die wissenschaftliche Literatur zu Kafkas erstem Roman, wie die zu seinen anderen Werken, schier unüberschaubar, wenngleich ihr Umfang immer noch hinter dem der Literatur zu den beiden anderen Romanen zurückbleibt. Sie ist allerdings fast so unüberschaubar wie die verwirrende Welt, der sich Karl Roßmann in Amerika ausgesetzt sieht. Immer wieder aber erscheinen auch orientierende Werke wie die große Biographie von Reiner Stach aus den Jahren 2002–2014, die dabei helfen, Überblick zu gewinnen.

Seit 1989 gibt es eine »Franz-Kafka-Gesellschaft« in Prag, die »Deutsche Kafka-Gesellschaft« hat sich 2005 in Bonn gegründet. Beide Gründungen sind erst spät erfolgt, betrachtet man den Umfang der schon früh verfügbaren Forschungsliteratur und den verlegerischen Erfolg der Werke Kafkas.

Besonders an der Kafka-Rezeption ist ihre Entwicklung in der Zusammenschau mit seiner Biographie. Der für das Schreiben lebende Autor blieb zeit seines Lebens ein, wenn auch anerkannter, Geheimtipp. Der weitaus größere Teil seines Werkes wurde erst nach seinem Tod veröffentlicht. Breitere Anerkennung bekam er, durchaus folgerichtig, erst postum. Aber bereits zu Lebzeiten wurde er als Sonderbegabung wahrgenommen, so zum Beispiel von Robert Musil und Kurt Tucholsky.

Neben der wissenschaftlichen Auseinandersetzung mit Kafkas literarischem Werk gibt es auch eine Rezeption, die sich auf künstlerische Weise mit diesem auseinandersetzt. Am frühesten setzte die illustrie-

■ Künstlerische Rezeption

rende Bezugnahme ein. Der österreichische Grafiker und Schriftsteller Alfred Kubin schuf einige der bekannteren Illustrationen, unter anderem zu der Erzählung *Ein Landarzt*. Das berühmte Titelbild zu der Erzählung *Die Verwandlung* in der Reihe *Der jüngste Tag* stammt von dem deutschen Grafiker und Autor Ottomar Starke. Diese Illustration hat Kafka sogar noch selbst gesehen. Zum *Verschollenen* konnte es zu Lebzeiten Kafkas natürlich keine bildnerischen Aneignungen geben, aber auch später haben andere Werke Kafkas größeres Interesse bildender Künstler auf sich gezogen. Die Romane *Der Process*, *Das Schloss* und *Amerika / Der Verschollene* sind inzwischen auch als Graphic Novel erschienen, ebenso die Erzählungen *Die Verwandlung* und *Das Urteil*.

Besonders faszinierend ist, dass die Werke des filmbegeisterten Kafka so häufig zu Verfilmungen angeregt haben. Auch hier ist es nicht *Der Verschollene*, der das größte Interesse hervorgerufen hat. *Der Process* ist bereits 1962 von Orson Welles und 1993 von David Hugh Jones verfilmt worden. Auch Steven Soderberghs Film *Kafka* von 1991 verwendet Material aus dem *Process*. Es existiert aber zumindest ein Film auf der Grundlage des *Verschollenen*, *Klassenverhältnisse* von Danièle Huillet und Jean-Marie Straub. Der recht werktreue Film aus dem Jahr 1984 unternimmt eine Deutung des Romanfragmentes, die sich besonders auf gesellschaftliche und gesellschaftskritische Aspekte des Romans konzentriert und hier für den Roman Erschließungsimpulse setzt.

Eine Sonderstellung in der künstlerischen Rezeption des Romanfragments nimmt die Erzählung *Roßmann, Roßmann . . .* von Eckhard Henscheid ein. Henscheid unternimmt den Versuch, das Fragment erzählerisch und erzählend zu vollenden. Auch wenn er dabei durchaus nicht den Eindruck macht, ausschließlich ernsthafte Deutungsarbeit zu betreiben, lohnt sich die Lektüre der Konkretisierung von Fortsetzungsüberlegungen sehr, schon der vielen Stilimitationen wegen, mit denen Henscheid sich Kafka annähert und dem *Verschollenen*, den er »einen der zehn größten Romane der Weltliteratur« nennt.[33]

Interessant an der Fülle der künstlerischen Annäherungen an Werke Kafkas ist, dass diese von Anfang an bis heute Künstler zur Umsetzung in Bildliches zu provozieren scheinen.

In der Summe hat Kafka in der öffentlichen Wahrnehmung heute den Status eines modernen Klassikers inne, dessen Rang nicht mehr kontrovers diskutiert, sondern allgemein anerkannt wird. Damit steht das moderne Kafka-Bild in eklatantem Widerspruch zu Kafkas Selbsteinschätzung, die von permanenten Selbstzweifeln geprägt war. Er wäre vermutlich über die heute übliche Bewunderung für seine Werke sehr erstaunt.

---

33 Eckhard Henscheid, *Roßmann, Roßmann . . .*, in:
E. H., *Roßmann, Roßmann . . . Drei Kafka-Geschichten*,
Zürich 1982, S. 275.

9. Prüfungsaufgaben mit Lösungshinweisen

Die nachfolgenden Aufgaben sind zumeist so oder dem Unterrichtsgang angepasst als Aufsatz- oder Klausurthemen, also als Prüfungsaufgaben denkbar. Sie eignen sich aber auch als Fragestellungen für eine intensivere Beschäftigung mit dem Roman unter einem spezielleren Fokus. Indem sie auf lohnende Wege zur Erschließung des Textes hinweisen, dienen sie also im Idealfall dem Werkverständnis.

Aufgabe 1

Arbeitsauftrag 1: Verfassen Sie eine Inhaltsangabe des ersten Romankapitels »Der Heizer«. Berücksichtigen Sie dabei die geschilderten oder erwähnten Ereignisse, vermerken Sie aber ebenso auffällige Handlungslücken oder Brüche in der Handlungslogik.

Lösungshinweise

Die Bearbeitung der Aufgabe erfordert die Fokussierung auf zwei Aspekte des Textes. Zum einen, und dies ist bei Inhaltsangaben erzählender Texte üblicherweise der Fall, ist das geschilderte Geschehen zu beschreiben. Zum anderen aber sollen Bruchstellen dingfest gemacht werden, die die Abfolge der Handlung unterbrechen. Es muss also nicht nur beschrieben werden, was da ist, sondern auch, was fehlt. In der Fortsetzung lädt die Aufgabe zur Auseinandersetzung mit den Brüchen im Handlungsverlauf ein. Die Funktion einer Leerstelle steht dann im Zentrum des Interesses. Dabei können zum Beispiel Eigenheiten der Erzählperspektive beleuchtet werden. Wo Handlungsrelevantes ausgespart bleibt oder unverständlich erscheint, entsteht Erklärungsbedarf. Insgesamt handelt es sich bei der Aufgabe nicht um eine Prüfungsaufgabe, sondern um einen Impuls zur textnahen Erschließung des ersten Kapitels, aus der freilich Prüfungsaufgaben erwachsen können. Beim ersten Kapitel handelt es sich um den einzigen Teil des *Verschollenen*, den Kafka selbst zur Veröffentlichung freigegeben hat. Hier auftretende Lücken können also nicht als Zeichen für einen unfertigen Text gelesen werden. Sie tragen als absichtliche Auslassungen Bedeutung.

Aufgabe 2

Arbeitsauftrag 2: Beschreiben Sie den Onkel Karls und charakterisieren Sie ihn als richtende Instanz.

Lösungshinweise

Vaterinstanzen finden sich im *Verschollenen* wie in anderen Werken Kafkas zuhauf. Sie in ihrer Gestalt wie in ihrer Funktion zu beschreiben, ist einerseits eine Prüfungsaufgabe, weil zentrale Fähigkeiten der Textanalyse und -interpretation gefordert sind, andererseits handelt es sich um eine Lernaufgabe, die für weitere Vaterinstanzen im Werk sensibilisiert. So wie der Onkel ist zum Beispiel auch die Leitung des Hotels Occidental in ihrem Urteilen ebenso unberechenbar wie allmächtig. Die Aufgabe fordert dazu auf, eine zentrale Figur des Romans in Hinblick auf eine bestimmte Funktion zu beschreiben. In einer möglichen Weiterung kann auch der Vergleich des Onkels mit einer anderen richtenden Figur hinzukommen, zum Beispiel mit dem Oberportier des Hotels Occidental. In erster Linie geht es in dieser Aufgabe aber um den Onkel. Er eignet sich für eine Untersuchung besonders gut, weil sein Verhalten in Karls Wahrnehmung schon frühzeitig fragwürdig erscheint. Auch sind seine Äußerungen überwiegend explizit und gut zitierbar. Vor allem aber ist er in Güte wie in Härte beschreib- und erkennbar. Das macht ihn besonders lohnend für die gestellte Aufgabe.

Aufgabe 3

Arbeitsauftrag 3: Erörtern Sie, inwiefern sich *Der Verschollene* als Stufenroman lesen lässt.

Lösungshinweise

Die Aufgabe fordert dazu auf, einer das Werk umfassenden Deutungsthese zu folgen und diese am Romantext zu überprüfen. Diese These ist übrigens durchaus auch in Deutungen außerhalb des Schulkontextes aufgestellt worden. In einem ersten Schritt sind Etappen im Romanverlauf zu bestimmen, die in Kontinuität ihrer Abfolge eine allgemeine Richtung, aber auch sich wiederholende Elemente aufweisen. Die dem *Verschollenen* eigene

Grundstruktur einer abwärts führenden Treppe, auf der sich Karl Roßmanns Erlebnisse bewegen, muss nachgezeichnet und als Muster beschrieben werden. Die Abschnitte des Romans, die sich mit Oklahama befassen, scheinen allerdings dem beständigen Abwärtstrend zu widersprechen. Durch den Fragmentcharakter des Romans ist die Frage nach einer Stufenstruktur nicht abschließend zu beantworten. Das Ergebnis der Aufgabenbearbeitung wird in einer am Text abgesicherten, begründeten Spekulation liegen. Das Gelingen der Bearbeitung zeigt sich in der Plausibilität und der Belastbarkeit des formulierten Ergebnisses.

Aufgabe 4

> **Arbeitsauftrag 4:** Untersuchen Sie das Bild von Amerika, das sich im *Verschollenen* ergibt. Zeigen Sie, in welcher Beziehung dieses Bild zu Karl Roßmann und seinem Erleben der Welt steht.

Lösungshinweise

Das im Roman entstehende Bild von Amerika kann natürlich mithilfe des eigenen Wissens überprüft werden. Dabei wird zum Beispiel die fehlerhafte Beschreibung der Freiheitsstatue auffallen. Man muss sich aber klarmachen, dass Kafkas Möglichkeiten, eigene vertiefte Kenntnisse der Vereinigten Staaten zu bekommen, im Vergleich zu heute sehr eingeschränkt waren. Auch weicht das damalige Amerika vom heutigen durchaus ab. Als realistisches Abbild der gesellschaftlichen Wirklichkeit in den USA vor dem Ersten Weltkrieg taugt der Roman sicherlich nur in eingeschränktem Maße. Interessanter ist es daher, das im Fortgang des Romans entstehende Universum zu beschreiben, das Karl Roßmann staunend und leidend durchreist. Das entstehende und bei Bearbeitung der gestellten Aufgabe zu untersuchende Bild sagt viel über den aus, dessen Erleben der Leser begleitet. Am Ende wird das Bild der fingierten Welt sogar bei einer Charakterisierung des Protagonisten helfen können.

Aufgabe 5

Arbeitsauftrag 5: *Der Verschollene* oder *Amerika*? Beide Titel sind nicht zweifelsfrei als von Kafka autorisiert anzusehen. Formulieren Sie einen eigenen Titel für den Roman und begründen Sie Ihre Entscheidung am Text.

Lösungshinweise

Die Aufgabe fordert dazu auf, dem Roman mit einem selbst gewählten Titel ein Zentralthema zuzuschreiben. Das setzt freilich eine intensive Texterschließung voraus. Alternativ kann man darüber nachdenken, ob und warum sich »Der Verbannte« als Titel eignet. Auch der »Der Verurteilte« könnte passen, er bringt die Frage nach Gerechtigkeit in die Überlegungen ein. In jedem Fall muss der gewählte Titel eingehend und aus dem Text heraus begründet werden.

Aufgabe 6

Arbeitsauftrag 6: Macht Karl im Laufe des Romans eine Entwicklung oder gar Reifung durch? Berücksichtigen Sie bei der Argumentation für Ihre Entscheidung vor allem Karls Äußerungen und Wahrnehmungen.

Lösungshinweise

In dieser Aufgabe verbirgt sich unter anderem die Frage nach der Zugehörigkeit des *Verschollenen* zur Gattung des Entwicklungsromans. Verfolgt der Roman den Werdegang eines reifenden Individuums oder die von Anfang an zum Scheitern verurteilten Versuche eines Gefangenen, sich zu befreien? Handelt es sich beim *Verschollenen* um einen Entwicklungsroman oder um dessen Parodie? Man wird zur Bearbeitung der Aufgabe vor allem die innere Handlung des Romans ins Auge fassen müssen, die ja Karls Bewerten von Situationen und sein Nachdenken über das weitere Handeln enthält: Zu untersuchen ist also nicht so sehr der Erfolg oder Misserfolg seines Handelns, sondern vielmehr seine Handlungsentscheidungen und deren Gründe. Bei der Personencharakterisierung ist aber zu beachten, dass die konsequent eingehaltene Perspektive Karls den Blick auf diesen nicht einschließt. Die Aussagen anderer Figuren, insbesondere der Frauenfiguren, sind durchaus wertvolle Informationsquellen, allerdings müssen sie in ihrer persönlichen Färbung mit Vorsicht behandelt werden.

Aufgabe 7

Arbeitsauftrag 7: Beschreiben Sie Gestalt und Funktion von Kennzeichen der technischen Moderne im *Verschollenen*. Arbeiten Sie dabei sowohl auf der Gegenstandsebene als auch auf der Symbolebene.

Lösungshinweise

Vieles, was im *Verschollenen* an technischen Geräten detailliert, aber auch übertrieben geschildert wird, ist zur Zeit Kafkas ausgesprochen neuartig und modern. Dabei ist nicht immer der Gegenstand an sich eine neue Erfindung, es kann auch seine massenhafte Verbreitung, wie die von Autos oder Telegraphen, den Eindruck einer modernen Welt hervorrufen. Die Aufgabe fordert im Wesentlichen dazu auf, eine bestimmte Sorte von Symbolen im Kontext ihres Erscheinens im Roman zu untersuchen. Der Aufzug im *Verschollenen* zum Beispiel ist als Symbol vielschichtig und ambivalent. Er lässt sich sowohl als Symbol der technisierten Moderne als auch als Zeichen für gesellschaftlichen Auf- und Abstieg verstehen. An anderen Stellen fehlt der technische Fortschritt explizit, so zum Beispiel im Landhaus des Herrn Pollunder, wo weiten Bereichen des Hauses das elektrische Licht fehlt. Es geht also bei der Bearbeitung der Aufgabe um das Benennen von Symbolen und ihre Ausdeutung.

Aufgabe 8

Arbeitsauftrag 8: Skizzieren Sie einen im Zusammenhang des Romanfragments sinnvollen Schluss des *Verlorenen*. Begründen Sie Ihre Gestaltungsentscheidungen.

Lösungshinweise

Die Frage, wie der *Verschollene* ausgehen sollte, wird seit dem Erscheinen des Romanfragments unter dem Titel *Amerika* im Jahre 1927 immer wieder gestellt. Max Brod ging im Nachwort der von ihm besorgten Ausgabe von einem versöhnlichen Ende aus. Äußerungen Kafkas in Briefen und Tagebüchern lassen eher ein tragisches Ende mit Karl Roßmanns gewaltsamem Tod vermuten. Bei der Bearbeitung der Aufgabe muss man eine Entscheidung treffen und sich dann auf die Suche nach unterstützenden Hinweisen im Text begeben. Beispielsweise lässt sich die Struktur des Werkes als Stufenroman über das Ende des Fragments hinaus fortsetzen. Ähnlich lässt sich aus der Einschätzung des Werkes als Entwicklungs- oder Antientwicklungsroman eine Fortsetzungsrichtung entwickeln. Aber auch einzelne Textdetails können herangezogen werden. Die Freiheitsstatue mit dem Schwert statt der Fackel zum Beispiel kann Teil einer Kette von Hinweisen auf Urteil und Vollstreckung sein. Wesentlich ist in jedem Fall der zweite Teil der Aufgabe: Es geht darum, einen Romanschluss zu schreiben und diesen anschließend gut zu begründen.

Aufgabe 9

Arbeitsauftrag 9: Klären Sie das der *Kleinen Fabel* zugrunde liegende Bild von der Welt und untersuchen Sie, inwieweit es sich auf die Welt des *Verlorenen* beziehen lässt.

Kleine Fabel

»Ach«, sagte die Maus, »die Welt wird enger mit jedem Tag. Zuerst war sie so breit, dass ich Angst hatte, ich lief weiter und war glücklich, dass ich endlich rechts und links in der Ferne Mauern sah, aber diese langen Mauern eilen so schnell aufeinander zu, dass ich schon im letzten Zimmer bin, und dort im Winkel steht die Falle, in die ich laufe.« – »Du musst nur die Laufrichtung ändern«, sagte die Katze und fraß sie.

Franz Kafka: Kleine Fabel. In: F. K.: Erzählungen. Hrsg. von Michael Müller. Nachw. von Gerhard Kurz. Ditzingen 2017 [u. ö.]. (Reclams Universal-Bibliothek. 9426.) S. 257.

Lösungshinweise

Die Ausweglosigkeit, der die Maus in der Fabel ausgesetzt ist, liegt offen zutage und wird nicht, wie bei Karl Roßmanns Schicksal, von zusätzlichen Informationen und Details verdeckt. Die der Romanwelt eigene Undurchschaubarkeit fehlt hier, zumindest im sicheren Tod der

Maus am Textende. Prinzipiell stimmen die beiden Texte überein, wenn die Unausweichlichkeit als Zentrum der Fabel und des Romans gesehen wird. Hierfür muss ein tragisches Ende des *Verschollenen* vorausgesetzt werden, das am vorhandenen Text begründet bzw. plausibel gemacht werden muss. Wird dem Roman ein positives Ende zugesprochen, wie das zum Beispiel Max Brod getan hat, fällt das Urteil anders aus. Aber auch hier ist man auf Absicherung der Entscheidung am Text angewiesen. Die Lösung der Aufgabe setzt also sowohl eine grundsätzliche Klärung des Außentextes, als auch vertieftes Nachdenken über den Roman voraus. Die Fabel transportiert eine Deutungshypothese für den Roman. Eine abschließende Parallelführung beider Texte ist aber nicht erforderlich, vielleicht nicht einmal wünschenswert.

10. Literaturhinweise/Medienempfehlungen

Ausgaben

Kafka, Franz: Der Verschollene. Roman. [Text nach der Ausgabe von Jost Schillemeit in der Fassung der Handschrift, Frankfurt a. M. 1983.] Nachw. von Michael Müller. Ditzingen: Reclam, 2015 [u. ö.]. (Universal-Bibliothek. 9688.)

Kafka, Franz: Brief an den Vater. Hrsg. und komm. von Michael Müller. Ditzingen: Reclam, 1996 [u. ö.]. (Universal-Bibiothek. 9674.) – *Dieser sehr persönliche Text wurde 1919 verfasst und nie abgeschickt. Er schildert akribisch Kafkas Beziehung zu seinem Vater. Für ein Verständnis des »Verschollenen«, das Kafkas Biographie einbezieht, ist er die wohl wichtigste Quelle aus Kafkas eigener Hand.*

Kafka, Franz: Kleine Fabel. In: F. K.: Erzählungen. Hrsg. von Michael Müller. Nachw. von Gerhard Kurz. Ditzingen: Reclam, 2017 [u. ö.]. (Universal-Bibliothek. 9426.) S. 257. – *Dieser sehr kurze Text eignet sich sehr für einen Vergleich dargestellter Lebenssituationen in der Fabel und im »Verschollenen«.*

Kafka, Franz: Ein Traum. In: F. K.: Erzählungen. Hrsg. von Michael Müller. Nachw. von Gerhard Kurz. Ditzingen: Reclam, 2017 [u. ö.]. (Universal-Bibliothek. 9426.) S. 201–203. – Aus der Sammlung »Ein Landarzt«.

Kafka, Franz: Ein Landarzt. Kleine Erzählungen. Mit sechs lavierten Federzeichnungen von Alfred Kubin. Frankfurt a. M.: Insel, 2003. (Insel-Bücherei. 1243.) –

*Ein Beispiel für eine bildkünstlerische Auseinanderset-
zung mit dem »Verschollenen«.*

Dickens, Charles: David Copperfield. Roman. [Überar-
beitung der Übers. von Carl Kolb.] Zürich: Manesse,
1961.

Eichendorff, Joseph von: Das Marmorbild. Anm. von Ur-
sula Regener. Nachw. von Fred Lönker. Ditzingen:
Reclam, 2015 [u. ö.]. (Universal-Bibliothek. 18539.)

Eichendorff, Joseph von: Aus dem Leben eines Taugenichts. Novelle. Hrsg. von Hartwig Schultz. Durchges.
Ausg. Ditzingen: Reclam, 2001 [u. ö.]. (Universal-Bibliothek. 2354.)

Grillparzer, Franz: Der arme Spielmann. Nachw. von
Christian Schmitt. Anm. von Helmut Bachmaier. Ditzingen: Reclam, 2021. (Universal-Bibliothek. 14093.)

Henscheid, Eckhard: Rossmann, Rossmann ... In: E. H.:
Rossmann, Rossmann ... Drei Kafka-Geschichten. Zürich: Haffmans, 1982. – *Die Erzählung unternimmt den
Versuch, das Romanfragment weiter und bis zu einem
denkbaren Ende zu erzählen. Die Lektüre lohnt sich
schon deshalb, weil in dem Stilparodistischen der Ro-
manfortsetzung das unterschwellig Komische im »Verschollenen« zutage tritt.*

Schmidt, Arno: Aus dem Leben eines Fauns. In: Arno
Schmidt: Werke. Bargfelder Ausgabe. Werkgruppe
I/1.2. Zürich: Edition der Arno Schmidt Stiftung im
Haffmans Verlag, 1986.

Walser, Robert: Jakob von Gunten. Ein Tagebuch. Berlin:
Cassirer, 1909.

Weiterführende Literatur

Alt, Peter-André: Kafka und der Film – Über kinematographisches Erzählen. München: Beck, 2009.

Beißner, Friedrich: Der Erzähler Franz Kafka. Ein Vortrag. Stuttgart: Kohlhammer, 1952. – *Mit diesem Vortrag liegt ein zentraler Beitrag zum Erzählen bei Kafka vor, der bestimmend für die spätere Forschung geworden ist.*

Bergson, Henri: Das Lachen. Ein Essay über die Bedeutung des Komischen. Übers. von Roswitha Plancherel-Walter. Hamburg: Meiner, 2011. [Ursprünglich 1899 unter dem Titel *Le Rire* in der *Revue de Paris* erschienen.] – *Hier finden sich Definitionen mehrerer Funktionen von Komik, die für die Erschließung des »Verschollenen« hilfreich sind.*

Binder, Hartmut (Hrsg.): Kafka-Handbuch in zwei Bänden. Stuttgart: Kröner, 1979. Bd. 1. Der Mensch und seine Zeit. Bd. 2: Das Werk und seine Wirkung.

Emrich, Wilhelm: Franz Kafka. Das Baugesetz seiner Dichtung. Der mündige Mensch jenseits von Nihilismus und Tradition. Bonn: Athenäum, 1958 [u. ö.]. – *Die Studie entspricht in mancher Hinsicht nicht mehr dem aktuellen Stand der Forschung, ist aber sehr sorgfältig gearbeitet und bietet immer noch die Möglichkeit für einen bereichernden Zugang zum Werk Kafkas.*

Harman, Mark Harman: Wie Kafka sich Amerika vorstellte. In: Sinn und Form 6 (2008) S. 794–804.

Musil, Robert: Literarische Chronik (August 1914). In: R. M.: Gesammelte Werke in neun Bänden. Bd. 9: Kritik.

Hrsg. von Adolf Frisé. Reinbek b. Hamburg: Rowohlt, 1978. S. 1465–71.

Plachta, Bodo: Der Verschollene. In: Franz Kafka. Romane und Erzählungen. Hrsg. von Michael Müller. Ditzingen: Reclam, 1994. (Universal-Bibliothek. 17521.) S. 75–97.

Stach, Reiner: Kafka. Die Jahre der Entscheidungen. Frankfurt a. M.: S. Fischer, 2002.

Stach, Reiner: Kafka. Die Jahre der Erkenntnis. Frankfurt a. M.: S. Fischer, 2008.

Stach, Reiner: Kafka. Die frühen Jahre. Frankfurt a. M.: S. Fischer, 2014. – *Die sehr ausführliche dreibändige Kafka-Biographie von Reiner Stach eignet sich sehr, um zu einer profunden Kenntnis der Lebensumstände Kafkas zu gelangen. Bereits die Lektüre des Kapitels zum »Verschollenen« (»Amerika und zurück: Der Verschollene«, in: »Die Jahre der Erkenntnis«, S. 190–209) bereichert die Arbeit mit dem Roman.*

Stach, Reiner: Kafka von Tag zu Tag. Dokumentation aller Briefe, Tagebücher und Ereignisse. Frankfurt a. M.: S. Fischer, 2017.

Stolzenberger, Günter (Hrsg.): Der komische Kafka. Eine Anthologie. Wiesbaden: marixverlag, 2015.

Tucholsky, Kurt: Auf meinem Nachttisch. In: Weltbühne. 26. Februar 1929. – Außerdem in: K. T.: Gesammelte Werke in zehn Bänden. Hrsg. von Mary Gerold-Tucholsky und Fritz J. Raddatz. Reinbek b. Hamburg: Rowohlt, 1975. Bd. 7. S. 43–49.

Wagenbach, Klaus: Kafkas Prag. Ein Reiselesebuch. Berlin: Wagenbach, 1993. – *Anschauliche Darstellung von Franz Kafkas Persönlichkeit und seinem Leben.*

Zischler, Hanns: Kafka geht ins Kino. Reinbek b. Hamburg: Rowohlt, 1996.

Graphic Novel

Kafka, Franz / Casanave, Daniel / Cara, Robert: L'Amerique. Bd. 1: Une Villa aux Environs de New-York. Montpellier 2006. – Bd. 2: Sur la route des Ramsès. Ebd. 2007. – Bd. 3: Le théâtre de la Nature d'Oklahoma. Ebd. 2008. [Comicadaption.]

Hörbuch

Kafka, Franz: Der Verschollene. Gelesen von Peter Simonischek. Berlin: Der Audio Verlag, 2017. [Ungekürzte Lesung.]

Filme

Klassenverhältnisse. BRD/Frankreich 1984. Regie: Danielle Huillet / Jean-Marie Straub. Darsteller: Christian Heinisch, Reinald Schnell, Mario Adorf, Harun Farocki, Manfred Blank u. a. – 2 DVDs. 122 Minuten. Edition filmmuseum 11. 2007. – *Wie weitere seiner Werke ist auch »Der Verschollene« wiederholt verfilmt worden; dies ist sicher die bedeutendste Arbeit.*

Hanns Zischler: Kafka geht ins Kino. – 4 DVDs. edition filmmuseum 95. ²2018. – *In dieser Sammlung finden sich Filme, die Kafka mutmaßlich oder nachweislich gesehen hat.*

11. Zentrale Begriffe und Definitionen

Auktorial: Der Begriff bezeichnet eine Erzählsituation, in der ein außerhalb des erzählten Geschehens stehender Erzähler berichtet und aus einer umfassend wissenden Haltung heraus kommentiert. Wichtig ist, dass er nicht zu der Erzählhandlung gehört. Damit ist das auktoriale Erzählen dem einsinnigen im Sinne Beißners entgegengesetzt.
➤ S. 87

Close Reading: Damit ist die besonders sorgfältige, ›nahe‹ Interpretation einer Textpassage gemeint, die allen Details (Wörtern, Wendungen, Wiederholungen, sprachlichen Bildern usw.) nachgeht, um den Text aus sich selbst zu verstehen.
➤ S. 87 f.

Einsinniges Erzählen: Dieser von Friedrich Beißner geprägte Begriff bezeichnet eine besondere, monoperspektivische Erzählweise, die in Kafkas Werk immer wieder zu beobachten ist. Zentral ist der Verzicht auf Perspektivwechsel im Sinne eines Wechsels der erlebenden Personen. Durch diese Erzählweise wird die Identifizierung der Leserinnen und Leser mit dem Protagonisten gefördert, da ihnen kein anderer als dessen Blick auf die Geschehnisse zugänglich ist. Die Orte, von denen aus etwas gesehen wird, können allerdings auch im einsinnigen Erzählen wechseln. Die persönliche Färbung des Blickes bleibt freilich unverändert.
➤ S. 46 f., 57, 89, 91 f., 120

Einsträngige Handlung: Mit diesem Begriff ist vor allem der Verzicht auf Nebenhandlungen gemeint. Die einsträngige Handlung im *Verlorenen* steht in notwendiger Verbindung mit dem einsinnigen Erzählen. Erzählt werden Karls Erlebnisse und nur diese. Seine Wahrnehmung geht direkt in das Erzählen ein und bestimmt dieses.

➤ S. 10

Entwicklungsroman: Romantypus mit inhaltlich charakteristischen Merkmalen. Im Zentrum steht ein zumeist junger Protagonist, der sich in der Auseinandersetzung mit seiner Umwelt entwickelt und an seinen Erfahrungen reift. Zur Entwicklung tragen vor allem negative Erlebnisse bei, bisweilen aber auch Begegnungen mit Personen, die den Protagonisten prägen. Entwicklungsromane gibt es, je nachdem, wie eng oder weit die Grenzen gefasst werden, seit dem Mittelalter und bis heute. Zu einer Häufung von Entwicklungsromanen kommt es in den Jahrzehnten um 1800 herum. Die Romane *Anton Reiser* (1785–90) von Karl Philipp Moritz, *Heinrich von Ofterdingen* (1800) von Novalis und *Wilhelm Meisters Lehrjahre* (1795/96) von Johann Wolfgang Goethe sind einige herausragende Beispiele für die Blütezeit der Gattung. Letztgenanntes Werk gilt auch als Schlüsselwerk der sehr nahe verwandten Gattung des Bildungsromans. Zum Entwicklungsroman siehe auch den entsprechenden Abschnitt im 6. Kapitel »Interpretationsansätze«.

➤ S. 59, 76–80

Kinematographisches/Filmisches Erzählen: Der Begriff hat seine Herkunft in der Funktionsweise einer Filmkamera. Zentrale Merkmale ergeben sich aus der prinzipiellen Neutralität der Filmaufnahme gegenüber der emotionalen und denkerischen Beteiligung, wie sie die Zeichnung oder das Gemälde nicht vermeiden können, weil bei ihnen neben dem Blickpunkt auch die persönliche Färbung des Betrachterblicks hinzukommt. Allerdings ist mit dem kinematographischen Erzählen nicht Neutralität im Ergebnis gemeint. Wenn die Kamera auch unbeteiligt bleibt, muss es das beim Kameramann nicht der Fall sein. Mithilfe des technischen Gerätes kann durchaus ein ergreifendes Produkt entstehen. Dies geschieht zum Beispiel durch die Wahl des Bildauschnittes oder die Zusammenstellung von Einstellungen (Montage). Im *Verschollenen* tritt das kinematographische Erzählen im Sinne der erzählerischen Neutralität durchgehend auf. Eindrücke von Komik oder Tragik entstehen gleichwohl. Auch technische Aspekte des Films werden sichtbar, zum Beispiel, indem Licht und Schatten zu zentralen Gestaltungsmitteln werden. Auch die schnellen Wechsel des Schauplatzes wirken bisweilen wie filmische Schnitte. Einer echten Montagetechnik wie zum Beispiel bei Alfred Döblin in *Berlin Alexanderplatz* steht das einsinige Erzählen entgegen. Das kinematographische Erzählen im beschriebenen Sinne ist übrigens nicht auf den *Verschollenen* beschränkt. Bereits in *Betrachtung*, Kafkas erster Buchveröffentlichung aus dem Jahr 1913, wird die filmische Gestaltung mit kurzen Sequenzen und Momentaufnahmen sichtbar.

➤ S. 48–51, 57, 60 f., 88, 94, 98

Komik: Was komisch ist, bedarf in aller Regel keiner Erklärung. Zur Untersuchung von Komik gibt es allerdings unterschiedliche theoretische Ansätze. Fruchtbar für das Verstehen des *Verschollenen* ist vor allem der Ansatz, der in der Komik eine Distanznahme des Betrachters vom Betrachteten sieht. Eine solche Distanznahme ist nämlich für das Funktionieren des Romans von Bedeutung und wirkt erst in zweiter Linie, wenn überhaupt, unterhaltsam. Die Komik im *Verschollenen* tritt im Detail auf und steht im Dienst der umfassenden Tragik.

➤ S. 48, 92–96

Prätext: In der Literaturwissenschaft geht man davon aus, dass Texte nicht unabhängig voneinander existieren, sie stehen in Verbindung zueinander. Die verschiedenen Beziehungen zwischen Texten werden von der Intertextualitätsforschung untersucht, einer vergleichsweise jungen Teildisziplin der Literaturwissenschaft. An zentraler Stelle steht der Prätext, definiert als ein Text, auf den sich das untersuchte Werk bezieht. Das kann auf unterschiedliche Weisen geschehen, nicht immer oder nicht im eigentlichen Sinne ist der Prätext eine Vorlage, mit der je unterschiedlich umgegangen würde. Immer aber finden sich in dem untersuchten Text auf verschiedenen Ebenen Spuren früherer Texte, die teils auffällig, teils diskret auftreten. So kann sich ein literarisches Werk explizit auf einen Vorgänger beziehen. Dies ist der Fall bei den Nachfolgern des Romans *Robinson Crusoe* von Daniel Defoe aus dem Jahr 1719. Dieser Roman beschreibt das Leben eines Schiffbrüchigen auf einer einsamen Insel. Die Grundidee des vereinzelten Menschen, der im Wortsinne in Isolation existiert, wurde vielfältig aufgegriffen und führte zur literarischen Gattung der Robinsonade. Ähnlich offensichtlich ist die Beziehung bei einer Parodie, einer Fortsetzung oder einem Plagiat. Diskreter sind weitere Erscheinungsformen der Prätextualität, wie zum Beispiel das Zitat oder eine formale Verwandtschaft im Sinne der Fortführung einer formalen Tradition. Ein Beispiel hierfür ist die Rahmenerzählung der Novelle, die seit der ersten Novellensammlung *Decamerone* (Mitte des 14. Jahrhunderts) von Giovanni Boccaccio Merkmal der Gattung ist.

➤ S. 54, 100, 103 f.

Slapstick: Der Begriff wird ursprünglich in der Beschreibung von Filmen oder Filmelementen verwendet. Dort bezeichnet er eine Form der Komik, die ohne Sprache auskommt und häufig anarchische Formen, zum Beispiel durch Übertreibung und Regelverletzung, annimmt. Ein Slapstick ist ursprünglich ein Schlaginstrument, wie es Clowns im Zirkus oder der Narr in der Commedia dell'arte verwendet. Ein Beispiel für Slapstick im *Verschollenen* ist die Verfolgungsjagd, bei der Karl Roßmann dem Polizisten vor dem Haus, in dem Brunelda wohnt, entkommen will.

➤ S. 22, 50, 60, 94–96

Traumlogik: Der Handlungsablauf Kafka'scher Werke verweigert sich oft rationaler und vor allem kausaler Einordnung. Der Begriff Traumlogik bezieht sich also in erster Linie auf Besonderheiten innerhalb der Handlungslogik. Erscheinungen in verschiedener Form finden sich im Wesentlichen auf der Gegenstandsebene des Textes. Dazu gehört die immer wieder auftretende Abweichung von kausaler Verknüpfung einzelner Handlungselemente, aber auch Wiederholungen oder Variationen. Diese Phänomene finden sich in zahlreichen Werken Kafkas. Neben der schon durch ihren Titel auffälligen Erzählung *Ein Traum* sind die drei Romanfragmente *Der Verschollene,*

Der Process und *Das Schloss* zu nennen, auch die Erzählungen *Das Urteil* und *Die Verwandlung* folgen der
Traumlogik.

➤ S. 96–99, 104